驱动力丛书

创新的方法

一家百年企业的创新管理实践

Riding the
Innovation Wave

Learning to
Create Value
from Ideas

［英］约翰·贝赞特 著
（John Bessant）
陈 劲　庞宁婧 译

机械工业出版社
CHINA MACHINE PRESS

本书记述了一家大型德国公司——海拉集团的创新发展历程，尤其着眼于公司在不断变化的外部市场环境中，如何通过持续创新不断地进行自我调整，积极适应新的环境，从而一步步由一家产品主导型公司蜕变为科技领先型公司，成功穿越经济周期，并逐步发展壮大，成为"百年企业俱乐部"成员。

读者可以通过本书了解到：如何从创意过渡到实施；如何在整个组织结构中发挥创新的作用；在市场、技术和社会趋势发生巨大变化的背景下，企业如何持续更新自己的创新能力。

Riding the Innovation Wave: Learning to Create Value from Ideas

By John Bessant

ISBN: 978-1-78714-570-2

Copyright © 2018 Emerald Publishing Limited of Floor 5, Northspring, 21-23 Wellington Street, Leeds, LS1 4DL (formally Howard House, Wagon Lane, Bingley, West Yorkshire, BD16 1WA)

This edition arranged with Emerald Publishing Limited through Big Apple Agency, Inc., Labuan, Malaysia.

Simplified Chinese edition copyright © 2023 China Machine Press. This edition is authorized for sale in the Chinese mainland (excluding Hong Kong SAR, Macao SAR and Taiwan).

All rights reserved.

此版本仅限在中国大陆地区（不包括香港、澳门特别行政区及台湾地区）销售。

北京市版权局著作权合同登记　图字：01-2023-0509号。

图书在版编目（CIP）数据

创新的方法：一家百年企业的创新管理实践 /（英）约翰·贝赞特（John Bessant）著；陈劲，庞宁婧译. — 北京：机械工业出版社，2023.12

（驱动力丛书）

书名原文：Riding the Innovation Wave: Learning to Create Value from Ideas

ISBN 978-7-111-74480-1

Ⅰ. ①创… Ⅱ. ①约… ②陈… ③庞… Ⅲ. ①企业创新–经验–德国 Ⅳ. ①F279.516.3

中国国家版本馆CIP数据核字（2023）第225947号

机械工业出版社（北京市百万庄大街22号　邮政编码100037）

策划编辑：李新妞　　　　　　　责任编辑：李新妞　坚喜斌

责任校对：张亚楠　刘雅娜　陈立辉　　责任印制：张　博

北京联兴盛业印刷股份有限公司印刷

2024年1月第1版第1次印刷

169mm×239mm·15印张·1插页·190千字

标准书号：ISBN 978-7-111-74480-1

定价：88.00元

电话服务	网络服务
客服电话：010-88361066	机　工　官　网：www.cmpbook.com
010-88379833	机　工　官　博：weibo.com/cmp1952
010-68326294	金　　书　　网：www.golden-book.com
封底无防伪标均为盗版	机工教育服务网：www.cmpedu.com

丛书序

科技创新是企业的一项重要活动，对实现"产品卓越、品牌卓著"具有重要的作用。科技创新又是一项充满失败风险的活动，只有少数新技术能够被成功地转化为新产品及服务，并实现真正的价值创造。正如哈佛商学院杰出的管理学者坎特所揭示的，许多企业在提出加强创新工作的豪言壮语后并没有获得预期的效果，其主要原因是战略不当、新业务和传统业务冲突、管理流程控制过严以及领导力和沟通氛围不佳。所以，一方面创新是企业竞争力之源，另一方面科技与创新管理不同于常规的经营管理，其过程困难重重而且充满风险，极易面临克里斯坦森式的"创新困境"。企业需要掌握更为先进的管理知识及一整套的更精致的管理技巧，如战略与技术管理的融合、二元型组织的建设、创新管理体系的规划与落实等。

党的二十大指出，强化企业科技创新主体地位，发挥科技型骨干企业引领支撑作用，推动创新链、产业链、资金链、人才链深度融合。驱动力丛书以党的二十大精神为指引，以"国际经典+本土原创"两个细分产品品类组合形成高水平成果。第一阶段以引进版为主，围绕"科技管理"主题，系统引进、翻译国外科技管理领域的经典著作，不断向广大读者推介科技管理这一领域的优秀成果；之后第二阶段以本土原创精品为主，体现中国自主的科技与创新管理的研究成果与最佳实践，进一步促进经济高质量发展，推动现代化产业体系建设，培育世界一流创新企业，形成源自"科技与创新管理"理论与方法体系的强大驱动力。

陈劲

清华大学经济管理学院教授

教育部人文社会科学重点研究基地清华大学技术创新研究中心主任

2023 年 11 月 15 日

致 谢

这本书的写作过程非常有意思，同时也生动地实践了共同创造这个有意义的创新原则。我想对来自海拉的所有人表示感谢，特别是在 I-Circle 内部和周围的人。他们通过参与采访、提供评论和参加讨论等方式，帮助我塑造了海拉。特别要提及的是，我很高兴向卡尔-海因茨·克鲁肯（Karl-Heinz Krücken）、托马斯·内特沙伊德（Thomas Netterscheid）、克里斯蒂安·特罗维奇（Christian Trowitsch）、弗里德里希·瓦尔德耶（Friedrich Waldeyer）和埃伯哈德·扎克曼特尔（Eberhard Zuckmantel）等过去的成员学习；以及向克里斯蒂安·阿姆塞尔（Christian Amsel）、罗尔夫·布雷登巴赫（Rolf Breidenbach）、纳文·高塔姆（Naveen Gautam）、迈克尔·克莱因克斯（Michael Kleinkes）、贝恩德·明斯特维格（Bernd Münsterweg）、萨宾·尼霍夫（Sabine Nierhoff）、米凯拉·舍费尔（Michaela Schäfer）、克里斯托夫·索恩臣（Christoph Söhnchen）和杰森·沃特曼（Jason Waterman）等现任员工学习。我还要特意感谢亚历山大·科佩（Alexander Kerpe）和海拉风投（柏林）的同事们，让我有机会了解一家初创企业的最初经历，并与他们进行了许多鼓舞人心的对话。

此外，我也要感谢塞巴斯蒂安·科尔廷（Sebastian Korting）和拉尔斯·比尔迈耶（Lars Biermeyer），他们在背后辛勤工作，支持了许多I-Circle会议；感谢来自海拉各地的演讲者和参与者，他们分享了想法和经验；感谢来自海拉以外的朋友，他们提供了令人振奋的想法，并慷慨地分享了他们的经验，包括：法比安·施拉格（Fabian Schlage）（来自诺基亚）、康斯坦丁·甘格（Konstantin Gänge）（来自空客）、凯瑟琳·莫斯莱因（Kathrin Moeslein）（来自埃尔朗根–纽伦堡大学）、克里斯托夫·克罗斯（Christoph Krois）（来自西门子）、卡丽娜·勒埃（Carina Leue）和乔治·利贝（Jörg Liebe）（来自汉莎航空）。

我从许多人那里得到了巨大的支持和鼓励。特别要感谢佩特拉·雷切尔（Petra Reichel）在组织实际安排方面的友好帮助，感谢伯克尔（Burkl）和斯特拉特曼（Stratmann）先生确保我成功地前往利普施塔特，感谢海拉环球酒店的工作人员主持了如此多成功的I-Circle会议，感谢马库斯·里希特（Markus Richter）和伊妮德·纳吉（Enid Nagy），他们审查并点评了早期的草稿。

我特别想提一下迈克尔·耶格尔（Michael Jaeger），他是整个公司创新活动的有力焦点，我和他一起度过了一些有趣的时光，甚至还有在酒吧里度过的夜晚。我们讨论了如何真正实现创新以及需要面对的挑战。

最重要的是，我想提一下尤尔根·贝伦德（Jürgen Behrend），是他为我展示了这家公司，并分享了关于领导这个大型企业的深刻见解。当我们听到如此多基于价值观的管理原则的时候，很高兴能遇到一个如此真诚地践行这些原则的人。我也很感激他，因为他打开了我的视野，让我感受到了德国文学的乐趣。他恰如其分地引用了席勒和歌德的话，帮助我牢牢记住了许多关于创新的关键见解。

致谢

我还要感谢埃克塞特大学的比尔·拉塞尔（Bill Russell）和艾伦·亚历山大（Allen Alexander），我和他们讨论了很多想法；感谢史蒂夫·哈德曼（Steve Hardman）的有益建议和支持；感谢 Emerald 出版社的皮特·贝克（Pete Baker）和菲奥娜·马蒂森（Fiona Mattison）帮助这本书得以出版。

最后，我要特别感谢安娜（Anna）和劳拉（Lara），感谢她们的耐心、爱和支持。

目 录

丛书序

致谢

01 引言

创新——一个古老的挑战 / 001

创新的 DNA / 002

"百年企业俱乐部" / 003

三个关键要素 / 004

谁来创新？ / 005

从历史中学习 / 007

认识海拉 / 009

海拉和创新 / 010

回顾过去，展望未来——对动态能力的需求 / 011

学会管理创新 / 012

海拉的创新之旅 / 017

拓展资源 / 018

反思与问题 / 019

02 海拉的创新历史

创新 / 020

机会和企业家 / 022

危机与生存 / 024

乘风破浪 / 026

目录

另一场战争带来的衰退 / 028

乘风破浪的"经济奇迹" / 028

保持连续性——家族联系 / 030

国际化 / 030

危机再次来袭 / 031

企业家责任 / 033

21 世纪的海拉——古老的危机，新的风暴 / 034

创新的连续性 / 036

开始创新游戏 / 037

流程创新——海拉生产系统的诞生 / 039

放眼创新的地平线 / 041

拓展资源 / 042

反思与问题 / 042

03 创新的模式

探索创新空间——4Ps 框架 / 045

探索海拉的创新空间 / 049

探索一种新的创新景观 / 059

拓展资源 / 060

反思与问题 / 061

04 我们是"冠军"

光有技能是不够的 / 063

创新的里程碑 / 065

从眼罩到车身控制模块以及其他，这是一条漫长的道路 / 067

创新模式创新——"变革" / 072

加速创新电子产品 / 086

拓展资源 / 089

反思与问题 / 089

05 保持动力

到目前为止，一切顺利…… / 092

海拉在创新管理方面做得如何？ / 093

扩展创新能力 / 098

建立反思能力 / 100

与创新的对话 / 101

创新过程中的挑战前沿 / 101

拓展资源 / 103

反思与问题 / 104

06 动员企业家参与

实现高参与度的内部创业 / 108

在平台上执行 / 115

处理内部创业的挑战 / 116

为什么这对海拉很重要 / 117

海拉对挑战的回应…… / 118

拓展资源 / 121

反思与问题 / 122

07 持续改进的挑战

那么,什么是"持续改进"呢? / 126

实现持续改进的挑战 / 127

学习持续改进 / 130

为什么这很重要 / 133

为什么这对海拉很重要 / 133

海拉目前在做什么 / 135

拓展资源 / 136

反思与问题 / 136

08 节俭创新

为什么节俭在创新中很重要 / 140

不错,但不适合这里……? / 141

节俭创新成为一种思维模式 / 142

如何做到这一点? / 143

为什么这对海拉很重要? / 144

海拉面临的挑战 / 145

那么,海拉在做什么呢? / 147

拓展资源 / 148

反思与问题 / 148

09 创新的平台思维

为什么要这么做? / 151

搭建平台 / 153

为什么这对海拉很重要? / 154

海拉是如何应对挑战的? / 156

平台思维之旅 / 156

到达目的地 / 159

拓展资源 / 159

反思与问题 / 159

10 开放创新网络

不同的时代，不同的网络 / 162

为什么它很重要…… / 162

发现、形成和执行——知识网络的挑战 / 164

为什么这对海拉很重要？ / 168

那么，海拉在做什么呢？ / 168

拓展资源 / 170

反思与问题 / 171

11 处理不连续性

创新的模式 / 173

来自边缘的颠覆 / 174

中断和破坏 / 176

问题出在哪里？ / 176

创新是一个框架问题 / 177

创新搜索空间图 / 178

为什么它对海拉如此重要 / 182

海拉在做什么 / 184

结果 / 186

拓展资源 / 187

反思与问题 / 187

12 敏捷创新

敏捷的简史 / 191

精益创业 / 193

敏捷工具箱里有什么？ / 197

让敏捷创新发挥作用 / 201

为什么敏捷对海拉很重要 / 203

海拉在做什么 / 204

拓展资源 / 205

反思与问题 / 206

13 展望未来

过去 / 208

目前 / 208

未来如何？ / 211

保持与创新的对话 / 220

参考文献 / 222

01 引言

Riding the Innovation Wave:
Learning to Create Value from Ideas

创新 —— 一个古老的挑战

毋庸置疑，创新关乎生存。如果一家企业不改变它为这个世界提供的东西，以及创造和传递这些东西的方式，那么这家企业可能无法长期存在。在激烈的竞争中，产品创新、服务创新和流程创新是战略中的必要部分。

创新不仅仅意味着需要准备做出改变。企业的资源有限，所以需要确保改变的方式是正确的，并且需要平衡风险和潜在的回报，需要从战略上考虑这一点，在应对短期挑战的同时，为长期建设做出努力。

此外，还需要学会借力。一家企业可能曾经在正确的时间出现在正确的地方，但如果想要可持续发展，就必须进行投资。创新是将思想或者知识转化为价值的过程，因此企业需要培养建立并管理知识库的能力。

光有知识是不够的，企业还需要学习如何从中创造价值。创新并不是一件神奇的事情，就像卡通画中人物的头上闪烁的神奇灯泡一样。创新需要把这些想法或者知识转化为价值，而这是一个漫长且不确定的过程。也许有的企业仅凭运气就能拥有一次成功到达目的地的体验，但要想反复实现这个过程，我们需要更多的规划、支持和经验。

成功的创新需要谨慎的管理，并将关键的行为变成嵌入组织的惯例。这就意味着企业应对挑战的方式是在不确定的环境里寻找机会，从中选择正确的机会并实施创新。

最后，企业还需要不时后退一步，反思其在创新管理方面的表现。在一个不断变化的世界里，企业原有的方案、组织结构和流程仍然是正确的吗？需要坚持、调整还是发展新的惯例？创新管理的方法是否仍然适应当前的经营环境？除了培养将知识转化为价值的能力之外，企业还需要培养反思和学习的能力，从而不断调整方法，也可以称之为动态能力。

因此，如果一家企业想要认真地对待创新这个问题，那么它就需要用战略的眼光思考、组织和管理这个过程。生存不是偶然的。

创新的 DNA

1962 年，诺贝尔医学奖被授予弗朗西斯·克里克（Frances Crick）、詹姆斯·沃森（James Watson）和莫里斯·威尔金斯（Maurice Wilkins），以表彰他们解开 DNA 分子结构的工作。他们与团队中的罗莎琳德·富兰克林（Rosalind Franklin）等人一起，为我们更好地理解遗传学打开了大门，帮助我们了解人类特征是如何一代一代传递下去的。早在一个世纪前，格里高尔·孟德尔（Gregor Mendel）就已经在奥地利修道院的花园里对这些想法进行了实验，但他没能弄明白 DNA 模型如何提供结构和运行信息。

DNA 构成了基因，这些基因诠释了不同的人类特征——蓝眼睛、长腿、强壮的心脏等。基因编码程序帮助人类继承了关键的特征，使人类能够在恶劣的、复杂的环境中生存。

遗传学的发展促进了基因工程的诞生。通过基因工程，人们可以删除或者关闭麻烦的基因，插入具有额外功能的新基因，改善现有基因的健康状况。

组织也有DNA,这是一个常用的比喻。组织的DNA包含了一套嵌入其组织架构和流程的"程序",也就是日常的行为模式。很多组织理论都谈到了"惯例"——这些都是基因编码的有效表达,围绕着如何处理组织的日常任务展开。因此,在创新的世界里,如何搜索项目、如何选择项目、如何管理项目等,都有这样的"惯例"[一]。

组织模型和更广泛的进化遗传学之间的最大区别是,人们不必等待随机突变来修改基因。在组织内部可以以更积极的方式修改和重塑组织的基因,推进"基因工程"。这就是领导的作用,为组织创建更加适宜的环境。

如果一个组织想要生存并继续创新,那么它需要找到某种方式来传递它的基因,也就是保持其连续性。而且,它还需要有能力对创新的基因组成进行审查和修改,改变一些基因,拼接另一些基因,从而增强其整体能力。

"百年企业俱乐部"

毋庸置疑,在很长一段时间内,能够做到这一点的企业并不多。每个企业都可能有一次幸运的机会——令人兴奋的、创新的、"冒尖"的创业企业时常出现,但大多数创业企业难以持续很长的时间。从早期的"种子"成长为一家企业,不仅仅是时间问题,它们甚至不一定能够存活下来。这是一个充满挑战和危机的过程,需要在变革的浪潮中乘风破浪,即使这是一段艰难的旅程,也要保持领先,而不是被拖入谷底。

每一家全球企业的背后都有一两个企业家——亨利·福特(Henry Ford)、威廉·普罗克特(William Procter)和詹姆斯·甘布尔(James Gamble)、比尔·休利特(Bill Hewlett)和戴维·帕卡德(Dave Packard)、乔治·伊

[一] Joe Tidd and John Bessant(2014).

士曼（George Eastman）——你也可以自己列一份榜单。企业从初创期发展到今天并不容易，过程中涉及一系列战略性的调整。领导力可以有多种形式，比如严格的亲力亲为的控制，如史蒂夫·乔布斯（Steven Jobs）和杰夫·贝佐斯（Jeff Bezos）；也有创始人温和地进行指导、激励或是发起挑战，从而持续影响组织的发展模式，如詹姆斯·戴森（James Dyson），他原是一位凡事喜欢亲力亲为的创始人，如今却把公司的日常运营交给了其他人，自己则专注于塑造企业的长期发展战略。维珍（Virgin）的理查德·布兰森（Richard Branson）和Inditex（Zara的母公司）的阿曼西奥·奥特加（Amancio Ortega）也扮演着类似的角色。

企业要保持增长，就需要在过往流动的、非正式交流的地方重塑组织架构和流程。在创新与控制、探索与开发、做得更好与做得不同之间取得平衡——这些都是企业从创业模式向长期发展转变时所面临的日常挑战。

因此，很少有企业能够度过百年。创新的挑战，不仅来自瞬息万变的技术和市场，以及需要在激烈的竞争中进行谈判，还来自创新模式本身。重要的是，这并不只是简单地采用最新的管理方法，还需要紧跟创新业务发展的最新趋势。

三个关键要素

聪明的幸存者适应环境，发展属于他们自己的解决方案，并将来自外部有用的新想法纳入自己的组织结构中。他们的目标是保持持续性和灵活性，特别是在他们关注的三个关键战略领域，建立了自己的组织优势（图1–1）。

1. 技能（Competence）——创新依靠新的知识。因此，企业需要致力于建立知识库，这不仅仅需要积累，打个比方，还需要培育新芽、尝试新

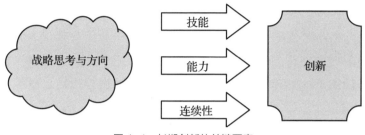

图 1-1 长期创新的关键要素

作物、保持肥沃的土壤以及不时地修剪。创新战略的落实,依赖于对市场研究、研发、构建战略联盟、搭建网络等过程进行管理,需要建立知识库并发挥其价值。

2. 能力(Capability)——创新不仅需要积累知识,还需要从知识中创造价值。只有通过不断学习才能够做到并重复这个技巧,同时将这些关键的经验教训融入创新的过程。如何搜索项目?如何选择项目?如何实施项目?如何从中获取价值?"惯例"的概念在这里很有帮助。"惯例"指的是重复和强化行为模式,并最终将其嵌入企业的做事方式中,融入企业的决策、程序和流程中。

3. 连续性(Continuity)——随着时间的推移,这些方法成了公司的文化。企业日常的行为模式代表了其潜在的价值观和信念。一家企业如果想要基业长青,就需要确保其 DNA 得以理解和传承。

谁来创新?

谈论"组织"很容易,就好像它是一台机器,只是为了创新而运行"惯例"这样的程序。但事实显然不是这样。组织是由人组成的,他们执行这些"惯例"。组织中的领导者创造和塑造环境,并指明战略方向。组织中的企业家促使变革发生。

如今,企业家构成了"创新"这个神话的一部分,被视为这个神话中的英雄和一切的开始。伟大的人们在激情和洞察中获取了灵感,并将其转化为能够创造价值的知识。这是一个令人熟悉的模式,但也是一个错误的模式。大多数创新并不产生于这种戏剧性的方式中,相反,它是一个漫长的过程,需要持续投入和改进,偶尔也会突破边界。在不断变化的环境中,创业只是漫长旅程的开始。

在起步阶段,利益相关者可能会对企业产生影响,为企业提供方向和能量。在创业的过程中,企业通过吸引并帮助其他组织来实现成长。

企业家很重要。个人和团队通过他们的能量和激情推动创新。正如彼得·德鲁克(Peter Drucker)指出的那样,创新"是企业家所做的事"。[一]但他们大多以更谦逊的方式进行创新,在各种各样的组织中工作,以保持创新马达的运转。他们是变革的推动者,是推动事物前进的领军者,是高举创新火炬的人。

也许我们需要一个新的词汇来形容这个角色——在一个组织的内部工作,同时也是变革的推动者。人们做出了各种各样的尝试,提出"内部企业家"(intrapreneur)的概念,譬如准备在主流组织的潮流中逆流而上的人[二]。德国研究人员埃伯哈德·威特(Eberhard Witte)使用了"促进者"(promotor)这个标签,他认为我们需要不同类型的促进者,其中有些人拥有技术知识,可以激发他们对变革的追求(fach-promotor),有些人拥有权力和影响力,有助于推动变革(macht-promotor)[三]。罗伊·罗思韦尔(Roy Rothwell)使用了"冠军"(champion)这个词,给人一种准备坚守阵

[一] Drucker(1985).
[二] Pinchot(1999).
[三] Witte(1973).

地、捍卫立场、推进愿景的感觉。[1]此外，在美国国家航空航天局（NASA）的太空计划中，汤姆·艾伦（Tom Allen）提出了"看门人"（the gatekeeper）这个有用的标签，指的是处于社交网络和影响力网络中心的人。[2]

不管这个标签是什么，很明显，在组织中有很多这样的"日常企业家"（everyday enrepreneurs），他们共同承担着推动创新议程向前发展的责任。他们与初创企业的不同之处不仅在于工作环境，还在于他们所信奉的基本模式，这种模式较少涉及破坏性创新理论［来自约瑟夫·熊彼特（Joseph Schumpeter）阐述的"创造性破坏"（creative destruction）］，而更多地涉及"创造性进化"（creative evolution）。[3]

从历史中学习

创新是如何发生的？我们知道很多绝妙的个案，比如便利贴、福特T型车、戴森的无袋吸尘器、iPhone等。但是，创新是如何在组织内部发生的？故事背后发生了什么？底层的惯例是什么？它们又是如何随着时间而变化的呢？

"冠军"们是如何运作的？他们如何在一个需要平衡稳定性和弹性的环境中推动事物发展？一个组织的领导者如何创造条件，为"冠军"们提供支持，激发他们面对挑战，为他们提供发展的空间，最重要的是，不因为他们的失败而放弃他们？

我们可以通过研究一个组织来寻找答案。这便是本书的故事——回溯了一家德国企业的发展历程，它从19世纪的小型初创企业起步，已经成长

---

[1] Rothwell（1992）.
[2] Allen（1977）.
[3] Schumpeter（2006）.

为在创新舞台上大放异彩的大型跨国企业。海拉（全名 Hella KGaA Hueck & Co.）是一家大型德国企业，虽然其规模庞大（有 3.4 万名员工），具有广泛的国际业务（覆盖 35 个国家，超过 125 个地点）和巨大的营业额（2015~2016 年销售额为 64 亿欧元），但它仍然保留着 100 多年前在德国西北部建立家族企业时的传统。

作为一家非常成功的企业，它的今天——甚至它的未来并不是资产等静态特征的结果。相反，它一直关注着能力的战略发展——建立并管理一个强大的知识库，支撑公司的可持续发展。组织创新和管理创新的能力已经被嵌入日常工作中，改变了企业在组织架构和业务流程方面的做事方式。它也非常关注连续性，传承并发展了过去的经验，将其嵌入组织的 DNA 中，也就是支撑这些惯例的"基因程序"。

这也是海拉所认可的原则。海拉在最近一份年度报告的序言中谈到了创新的关键作用：

> 创新的理念是海拉 DNA 的一部分，也是海拉在全球汽车行业中成功差异化的关键因素。这为我们提供了发挥核心优势的机会，并进一步扩大了我们的技术领先优势，有助于我们应对环境和能源等方面的挑战，捕捉安全、造型和舒适度等方面的潮流。

最重要的是要靠人，特别是创新领军人物，他们推动各项工作不断取得进展。"企业家的责任"指的是领导者需要提供一个框架和价值体系，为员工提供支持。这是一件双向的事情，员工的责任是发挥自己的作用，承担起"冠军"的角色，而领导者的责任是为员工创造条件，让他们能够做到这一点。

这不是一件简单的事情。正如我们将看到的，上演创新大戏的舞台将变得越来越拥挤和复杂，打个比方，这涉及新的剧院（地理位置和市场）、新的布景（技术）、新的观众（新的市场预期）等。

认识海拉

从最早来自新兴汽车行业的一家初创企业,到今天成为除了汽车以外的电子、照明和其他市场的主要参与者,海拉展示了一股持续的创新精神,推动着稳定的创新浪潮。

公司由三个业务部门组成:汽车(包括照明和电子)、售后市场和特殊应用,其中第一项业务占主导(图1-2)。

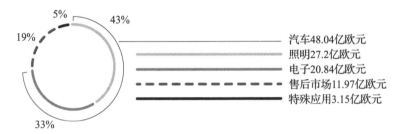

图1-2 海拉内部的核心业务领域

来源:海拉年度报告(2017)。

照明是海拉的最初业务。至今,海拉仍然是全球照明市场的主要参与者之一,在关键技术创新方面有着悠久的历史。目前,海拉的实力很大程度上来自其对LED技术的高度成功应用。

电子部门已经从一个为照明应用提供控制的支持部门转变为公司的关键支柱,增长潜力巨大。随着公司开始布局智能汽车行业,无人驾驶汽车的发展,以及市场越来越关注舒适度、安全性和清洁能源的应用,为海拉在传感器和执行器领域带来巨大的机遇。

虽然海拉的大部分工作是与关键的汽车制造商合作,但它也发展了强大的售后市场业务,包括供应备件和替换部件,以及在诊断和维修技术日益先进的今天为维修站和汽车修理厂提供支持。

海拉在相关市场部署其知识库，为海上和越野等特殊应用提供了照明和控制的解决方案，这在公司内部拥有悠久的传统。

当然，任何一家公司都不仅仅只需要关注业务，企业文化也发挥了重要的作用，尤其是在海拉。海拉在公司文化方面发布了一项明确的声明，正式公开了它的七个基本价值观：

1. 我们自主负责
2. 我们精诚团结、高效协作
3. 我们保持持续发展
4. 我们创造业绩
5. 我们不断创新并且积极变革
6. 我们正直诚信
7. 我们以自身的行为做表率

正如我们所看到的那样，海拉非常注重创新和企业家精神，把创新融入了企业的 DNA。

海拉和创新

海拉在创新方面投入巨大。2015 年至 2016 年，海拉的研发支出为 6.23 亿欧元，占销售额的 9.8%，在全球从事研发工作的员工数量增加了 3%，超过 6000 人。海拉清晰地向全世界表明它是一家知识型企业。公司还在 2016 年的年报中强调了对创新的投入：

> 我们从未停止探索技术的可能性边界。我们深入研究、开发和工作，创造创新型解决方案和技术以塑造市场……

正如集团首席执行官布雷登巴赫博士解释的那样:"技术领先的产品是海拉战略的关键……它们创造了竞争优势,同时为我们未来的增长奠定了基础。"但问题的关键不只是在研发上投资,还包括如何将创新融入文化,使其成为企业日常行为模式的一部分。

多年来,创新呈现出不同的形式。新产品开发一直是一个核心特征,但这些产品的生产和交付方式也发生了变化,也就是我们所说的流程创新。从一家小小的本土企业成长为一家领先的跨国公司,海拉在这个过程中融入了大量的流程创新。它不畏惧重新思考核心业务模式,并将其作为另一种创新来源进行挑战和发展。

我们将在"03 创新的模式"中更详细地探讨这些不同类型创新的例子,但最好从追溯贯穿公司历史的"创新红线"开始。

回顾过去,展望未来——对动态能力的需求

这是一个令人不安的统计数据,令人惊讶的是,很少有组织能长久地存活下来,大多数组织的寿命比人的寿命短得多!在那些寿命较长的动物身上,一个决定性的特征就是变化——它们能够适应动荡的、不断变化的环境。这就是创新的必要性——如果组织不改变所提供的东西,以及生产和交付这些产品或服务的方式,可能难以长期生存下去。㊀

因此,我们需要上述的能力、实力和连续性,但问题不止于此。即使是那些致力于创新、进行相关的投资、改变组织架构和流程来支持创新的组织,也可能会陷入困境。挑战不只在于创新本身,还包括构建动态能力,即学习和适应的能力,随时准备好审查和改变组织管理整个过程的方法。㊁

㊀ de Geus(1996).
㊁ Zollo and Winter(2002),Teece and Pisano(1994).

它不只是不断地问自己"我们创新了吗？"还要问自己关于创新管理惯例的三个关键问题。

关于我们的创新方式：

- 哪些是我们应该多做的，甚至加强的？
- 哪些是我们应该少做的，甚至停止的？
- 我们需要学习哪些新方法？

这就是海拉 100 多年发展背后的真实故事。在这种模式里，探索新创业机会的周期，与围绕这些机会进行系统性的整合有关。尽管这可能涉及不同的人员，采取不同的形式，但它体现了公司的日常行为模式，并且实现了"企业家责任"（entrepreneurial responsibility）这一核心价值。这不是一句空洞的口号，它以实实在在的投资为后盾，给予员工创业的空间和自主权。

学会管理创新

以下是一个简单的创新空间地图，我们可以用它来绘制海拉或任何其他组织在应对复杂环境时所采取的方法（图 1-3）。

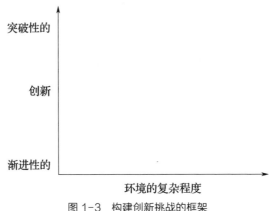

图 1-3　构建创新挑战的框架

沿着横轴，我们从关注环境中一些众所周知和易于理解的元素，转向试图处理更多未知的特征。我们从一个熟悉的世界开始。在这个世界中，我们了解我们的客户、我们的竞争对手、我们的技术——这是我们感到舒适和获得成功的基础。但我们也知道，我们需要向右边进行探索，了解新技术，获取新客户，认识新的竞争对手，学习处理新的问题。

沿着纵轴，我们不断努力实现创新——在我们提供的产品或服务中，在我们实现创新的过程中，在我们服务的市场中，在我们创造价值的商业模式中。这条轴从渐进性创新——我们在已知领域发展，把我们所做的做得更好一点——到突破性创新，我们可能正在做一些我们（或世界）从未见过的事情。

当我们在区域1工作时，本质上是基于已知的领域进行渐进性创新。就我们了解的技术、了解的市场、跟踪的竞争对手的动向而言，这是我们熟悉的领域——这部分工作围绕着我们已经建立的创新而不断改进。例如，一个多世纪以来，海拉一直在发展它的核心照明业务。在这方面，它是全球公认的领导者。其中一个关键原因就是在降低成本的同时提高质量，将核心产品进行差异化，以满足特定用户的需求（图1-4）。

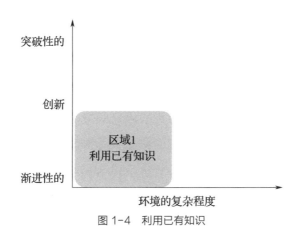

图1-4　利用已有知识

此外，还可以拓展新领域，例如进一步投资有前途的技术，或与关键客户合作拓展新一代产品。就海拉而言，这可能是进军卤素灯、LED或气候控制领域的第一步——进行边界探索，推动整个行业向前发展（图1-5）。

图1-5　进行边界探索

区域3很不一样。这是一个未被探索的领域，新的元素不断涌现，并以新的方式组合在一起。在这里，事物之间相互作用、共同进化，并被呈现出来。在这里，创新很难被预测——就好像一锅充满可能性的汤，但不清楚什么会真正起作用。在创新中，这通常被称为"流动"状态，因为它就是这样——一切都在移动和相互作用，充满各种可能性。这是典型的企业家经营的方式，把握各种机会，调整策略，尝试并失败，然后转向更有机会的方向（图1-6）。

想想19世纪90年代，也就是海拉诞生的那个年代，当时，汽车还是新兴行业，一切充满了可能性，但没有人知道它会如何发展。汽车只是一个科技玩具，还是富人的玩物？它真的会成为大众市场的产品吗？它会发展成什么样子？在当时，出现了各种关于汽车的想法，但没有形成一致的观点。哪些技术比较重要？它们如何结合在一起？只有一种方法可以找到答案——尝试，再去看看它们是否有效。这是敢于冒险的企业家的经典的"探索和学习"的实验。

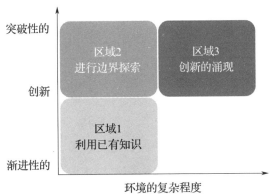

图 1-6　创新的涌现

逐渐地，实验的想法和探索的方法汇聚在一起，形成了一个似乎可行的轨迹，沿着这个轨迹，创新的想法得以落地，并不断得到改进。这被称为"主导设计"的转变——在新兴的汽车工业中，亨利·福特的 T 型车引领了这一方向。从这一阶段开始，产品的基本框架建立起来了，人们的注意力也转移到围绕这个核心主题的各种变化上，并转移到如何使产品可靠且便宜的关键问题上。在这个阶段，仍然有许多参与者和许多想法，但也出现了汇聚的趋势。此时，一些关键的参与者开始崭露头角，而另一些则退出了游戏（图 1-7）。

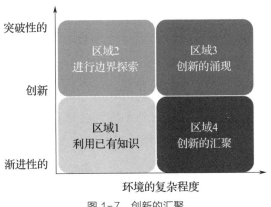

图 1-7　创新的汇聚

要让这种突破性创新成为主流,还有很多工作要做,特别是把一些新的东西从右边带入左边的"主流"。我们如何将新的技能、工具、技术、知识集等带入既定的世界?如何处理可能涉及的文化冲突?如何将两个世界结合在一起?

随着时间的推移,我们可以看到一种模式,一种以不同方式、不同空间进行创新却将事物联系在一起的曲折过程。今天在右边区域的实验性探索,将成为明天的主流。这意味着任何组织都需要多种并行的方法来管理创新。打个简单的比方,它需要的不是一种乐器,而是一个由不同演奏者组成的创新乐团,大家都在努力共同创造一些东西(图1-8)。

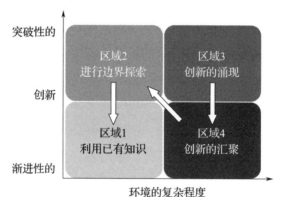

图1-8 探索创新空间

区域1还有持续改进方法的空间——这适用于参与度较高的项目,可以激励每个员工带着改进的想法进入创新空间。在区域2,通过有组织的探索和相应的探索投资,可以进行正式的研发,推动前沿领域的发展。当我们向右移动时,我们需要企业家,他们能够尝试截然不同的方法,敢于冒险,勇于探索。当他们提出截然不同的想法时,我们需要商业领域的建设者,能够在一个截然不同的领域创业,并将其发展成为公司未来主流的一部分;我们需要侦察员,能够在远离主流的地方行动并建立联系;我们需要经纪人和看门人，能够与"外面"那些拥有有趣的想法、技术和机会的人建立联系。

海拉的创新之旅

这就是海拉的模式——从最初创始人萨利·温德穆勒（Sally Windmuller）最早开始探索和尝试进入新兴的汽车行业，到战后的发展，再到进军新的国际市场，并大胆尝试新技术，比如在 20 世纪 80 年代进入汽车电子行业，在 20 世纪 90 年代进入 LED 行业。早在 1967 年，该公司就成立了一个"未来发展"（future developments）小组，其职责是探索一系列后来成为标准的想法。重要的是，这是一个开放式的探索小组，一些关键技术——比如温控屏幕——是从汽车行业之外的航空领域引入的。

这种积极主动的创新方式仍然是海拉战略的关键部分——例如，通过推动电子创新（Driving E-novation）项目，寻找让员工成为企业家的新方法，重新思考高级工程部的工作方式，以提高其快速探索不同想法的敏捷性和能力。最近，海拉又在柏林和硅谷发展了"颠覆性创新"（disruptive innovation）的能力。

这种模式具有一些一致的元素，可以称为海拉的"创新 DNA"，包括：

- 从不断增长的市场中学习，一直是一个关键的特征。从成立初期的探索，到与主要汽车制造商建立密切合作，再到今天探索中国和印度等新兴市场，并努力从这些机会中学习新的方法。
- 鼓励和支持创业行为——创造条件，使"企业家责任"成为企业文化的一部分。
- 持续致力于发展和增长必要的技能，不断丰富知识库——并通过对人员和教育系统的投资来实现这一点。

- 与外部网络合作，与组织外的人建立联系，以确保知识的流动性——例如，早在20世纪80年代就进入汽车电子新领域。
- 与关键技术开发人员合作，包括在研究中心与竞争对手合作，以帮助推动先进照明等关键领域的整体创新。
- 学习新技术，然后推进在公司内部整合这些知识集的艰巨任务——重新布局"海拉的大脑"。例如，在海拉进入电子学领域时，有效地将知识基础从机械工程和照明物理学转移到一个全新的领域（由一波新人引进），迎接新的挑战。

这些属于海拉公司的方法，都是在其发展过程中不断学习并融入其文化的，也将在其进入新领域时，成为未来业务创新的核心。

我们将在本书的其余部分更详细地讨论这些内容，但在下一章中，先让我们更深入地研究海拉的创新历史。

拓展资源

你可以在 www.innovation-portal.info 上找到许多有用的资源——案例研究、视频和音频，以及探索本章中讨论的一些主题的工具。

- 长期进行创新的公司案例——马歇尔（Marshalls）、戴森（Dyson）、Zara、3M、飞利浦（Philips）和康宁（Corning）。
- 影像、音乐、照明等不同行业，创新模式随时间的推移而变化的案例。
- 关于创新管理的理念和一个过程模型的视频介绍。

反思与问题

1. 确定一个组织是"百年企业俱乐部"的成员——即它已经存在超过100年。试着绘制它的创新历史、关键里程碑等。

2. 使用"01 引言"中的地图来更深入地了解它是如何探索创新空间的。

3. 不连续的创新就这样发生了。不管它是由技术、市场还是政治变革引发的，结果都一样——对既有参与者是挑战，对企业家是机遇。找一个不连续变革的例子——例如某领域技术、市场或监管环境的重大变化。观察该领域的参与者，探索他们在变革浪潮中做了什么（或没有做什么）？他们还能做些什么？试图进入这个领域的新来者是谁，他们是如何玩游戏的？你可以在创新门户网站"不连续创新的模式"（Patterns of discontinuous Innovation）上找到一个框架来帮助解决这个问题。

02 海拉的创新历史

Riding the Innovation Wave:
Learning to Create Value from Ideas

创新

> 自1899年以来,海拉一直以出色的创意在市场上不断留下属于自己的印记。这种创新的力量,既是公司的起源,也是公司的未来。那些想要成为全球领导者的人,必须保持好奇心、执着和灵活性。全方位的人脉圈是这些创意财富的源泉。来自世界各地的员工每天都在为更安全的产品和更高效的流程贡献新的想法。
>
> ——来自海拉2014年年报

威斯特伐利亚是一片肥沃的农田,像一张绿色的毯子一样铺展在德国西北部,在富饶肥沃的田地边缘是起伏的平原和平缓的森林,牛在午后的阳光下心满意足地吃着草。1877年,萨利·温德穆勒接管了家族的事业,开始经营动物饲料生意。这个生意已经存在了很长一段时间,甚至可以追溯到13世纪。当时,这个家族就已经在威斯特伐利亚的农业社会中牢牢扎根。接管家族事业之后,萨利有很多事情要做,他与当地农民合作的方式是建立更紧密的个人联系以及提供更可靠的服务。但是对像他这样的年轻企业家来说，他感觉可以做的事情还有很多。

除了售卖动物饲料之外，还有很多商机——例如，所有的农业客户都拥有马车，他们乘坐马车出行，而每一辆马车都需要各种各样的配件——有些是必需品，有些是装饰品。他在售卖动物饲料的同时，建立了一家专门制造和销售鞭子、马具、门把手、灯和喇叭的企业——所有的固定装置和配件，没有这些，任何一辆马车都是不完整的。

他的生意很成功，可以说他创立了一家成功的企业。他整合了皮革、金属加工等方面的各种技能，壮大了公司。公司从最初只有售卖饲料的4名员工发展到大约120名员工。㊀这不是一夜之间的成功。他缓慢而稳定地发展着这个生意。到了1888年，越来越多的产品销往外地。他越来越专注于销售配件，扩张速度快到需要一家工厂来满足订单需求。1895年，他从一家名为科皮库斯·舒尔特·罗特格（Cöppius-Schulte-Röttger）的破产灯具公司买了一些机器。在此基础上，他在利普施塔特建立了一家工厂，雇用了30名员工，为马车和自行车生产灯具。

与此同时，在这个国家的另一些地方，其他企业家正在追逐他们各自的梦想。特别是有两个人——他们素未谋面，却在相似的领域工作了多年——正忙于他们在西南部的新事业。1886年，卡尔·本茨（Carl Benz）在曼海姆展示了世界上第一辆汽车，而稍远一点的戈特利布·戴姆勒（Gottlieb Daimler）在斯图加特也做了同样的事情。两人都对内燃机的早期发现很感兴趣，并与朋友和同事一起探索如何制造一辆汽车。

1885年11月，戴姆勒和他的朋友威廉·迈巴赫（Wilhelm Maybach）为一辆两轮摩托车安装了煤油发动机，并进行了成功的试运行。与此同时，本茨已经从他1879年发明的固定单冲程发动机中赚到了足够的钱，来资

㊀ 本章的大部分内容是基于采访和海拉公司1999年为纪念公司成立100周年而出版的详细历史。

助他创造一种以汽油发动机为动力的轻型汽车的梦想。在这种汽车中，底盘和发动机构成了一个统一的单元。作为迈向四轮汽车的基石，他开发了"Velocipede"（一种脚踏三轮车），并在1886年7月进行了演示。他首先为他的"燃气发动机驱动的车辆"（vehicle powered by a gas engine）申请了专利。该专利编号为37435，可以被视为汽车的出生证明。

这个想法很快就从演示变成了实际应用。戴姆勒开始探索其他可以运用这一原理的领域，将目光投向铁路、海运甚至航空市场。1888年，本茨的妻子伯莎（Bertha）带着两个十几岁的儿子，驾驶着改进后的汽车进行了一次180公里的蜿蜒公路旅行。这可能是世界上第一次长途旅行。在这个过程中，她展示了汽车的潜力。汽车不仅是一种工程珍品，而且是一种实用的交通工具。它并不便宜，但对于少数富有的早期使用者来说，它很有趣，因此戴姆勒和本茨都开始发展他们的业务。㊀

机会和企业家

在威斯特伐利亚，萨利·温德穆勒听说了这件事，他的企业家头脑开始运转起来。"无马马车"（Horseless carriages）听起来仍然像马车，所以他可能有机会加入这个行列。虽然制造商的大部分注意力都集中在发动机和动力传动上，但他认为应该有人关注其他部分——车架和车身。这就需要灯、喇叭和他正在为主流马车行业提供的许多其他东西。

这是一个新的挑战，也是一个高风险的机会。如果这个新想法流行起来，不仅会有马车固定装置和配件的老生意，而且会为新兴的汽车行业开辟一个新市场。他说服了一些支持者，凭借在马车行业的日益成

㊀ 有关汽车工业早期的详细描述，请参阅Altschuler、Roos、Jones和Womack（1984）。

功，他得以在1899年成立了一家新公司——Westfälische金属工业公司（Westfälische Metall-Industrie Aktien-Gesellschaft，简称WMI）——为马车和新的汽车行业生产喇叭和灯。

20世纪初，第一批行驶在德国未铺设道路上的汽车装有与马车类似的灯：石蜡灯、蜡烛灯或煤气灯。然而，照明灯并不是当时已经非常昂贵的汽车的标准配置，因此被视为奢侈品。为了招揽生意，在家乡第一个拥有汽车的温德穆勒把自己的车当成了销售工具。他给自己的车装上公司制造的照明装置，开着车在镇上转悠。他还参加了德国和国外的贸易展，展示WMI的产品。

海拉在这一早期阶段的特点是致力于技能和技术。譬如，萨利·温德穆勒从萨克森州招募了40名乐器制造工匠加入扩张中的喇叭工厂。说服技术熟练的工匠从国家的一侧迁移到另一侧，需要双方都有足够的信心。

公司新成立的广告部和巡回推销员在德国和欧洲各地推销WMI的产品。到1905年，WMI已经是一家欣欣向荣的中型企业，拥有近200名员工，产品出口到许多西欧国家以及匈牙利和俄罗斯。

企业家萨利·温德穆勒看到了另一个机会，第一辆使用电灯的汽车出现了。在那之前，车灯用的是乙炔、石蜡、油，甚至还有蜡烛。1906年，德国灯泡制造商欧司朗（Osram）发明了第一个适用于汽车的灯泡。两年后，WMI开始为汽车生产电池供电的电灯，包括侧灯、带有红色玻璃罩的尾灯和车牌灯。

早期的喇叭和简易灯具都只基于一个简单的知识库，一个以制造和修理马车设备为基础的知识库。但很快就出现了更专业地学习、理解和应用这些知识的需要。萨利·温德穆勒意识到了研发投入的必要性。例如，他很早就意识到新型乙炔灯将是一个很重要的发展方向，与老式的油灯甚至蜡烛灯相比，这是一个巨大的进步。由于认识到技术的重要性，他们在

1901年获得了第一项专利。虽然这是一种与他们的核心业务截然不同的产品，但这为他们保护知识产权积累了宝贵的经验。

1908年，"海拉系统"（Hella system）的诞生为技术应用带来了更直接的成功。该系统基于在1906年开发的产品，在灯中使用箔反射镜，在乙炔燃烧器前使用聚焦透镜，有效地将射程从150米提高到300米，预示着前照灯时代的到来。这已经不是简单的灯了。这种设计也更容易制造，精度更高，制造成本更低。

也是在这个时候，"Hella"品牌正式注册，强调了与照明的联系。关于"Hella"这个名字的来历，有几种说法。在德语中，"hell"这个词的意思是光，所以两者之间似乎存在某种联系。但是萨利的妻子海伦（Helen）也有一个绰号叫"Hella"，这是品牌来源的另外一种说法。不管这个名字的来源是什么，它一直流传了下来。尽管直到20世纪80年代，公司名称仍然是WMI，但它以"海拉"这个品牌名称进行交易，并越来越多地与之联系在一起。

在早期，学习制造流程创新和发展产品技术也很重要。1895年，当地的一家公司破产了，萨利·温德穆勒买下了这家公司的机器，并在利普施塔特建立了一家工厂。这为他们提供了宝贵的关于工厂组织和批量生产的第一手经验。

为了满足不断增长的需求，1911年WMI新建了一家工厂，开始为马车和汽车生产其他配件，包括鞭子架、锁、烟灰缸和各种把手。到1912年，WMI已经在伦敦、巴黎、维也纳、巴塞罗那、米兰和纽约建立了子公司。

危机与生存

接着，海拉经历了历史上众多危机中的第一场——第一次世界大战。

与大多数德国企业一样,海拉被要求生产战争物资,包括手枪、手榴弹和其他武器部件。这维持了企业的运转和员工的就业,但抑制了出口贸易,也迫使他们转向新的创新方向。技术的发展停止了,但取而代之的是关于生产的快速学习——如何生产出高产量、高质量的产品,而且速度要快。

到战争结束时,公司的形势看起来并不乐观。1918 年至 1919 年的年营业额还不到战前的一半。

在一个被战争破坏的经济体中,经济增长的水平和前景都不乐观。对萨利·温德穆勒来说,这是一段艰难的时期。他成功地领导公司度过了艰难的战争岁月,但仍面临着更大的挑战,那就是如何维持公司的运转。一部分问题在于关键原材料极度短缺,因此,他以真正的企业家风范,四处寻找这些原料。在这个过程中,他有点太冒险了,甚至从德军库存中购买废金属、工具和其他资源。这在当时是非法的,在 1921 年他被指控"对国家造成损害",虽然逃过了牢狱之灾,但不得不支付巨额罚款,并被判缓刑。

他的个人损失惨重。他不得不从自己所创建的公司的经营中退出。在这个过程中,他失去了大部分资产(包括位于利普施塔特工厂附近的华丽住宅,它至今仍矗立在那里,现在用来召开海拉论坛等特殊的活动)。他仍与公司保持联系,但搬到了柏林,在那里负责东欧的销售代理。他于 1930 年去世。

对公司来说,这也是一段痛苦的时期。除了维持业务的挑战之外,现在这个国家还面临着一场重大的经济危机。通货膨胀急剧上升,政府发行了越来越多的货币,以应付战争造成的债务负担。到 1923 年进行重大货币改革时,WMI 和大多数德国工业企业一样,处于非常弱势的地位——没有出口贸易,内部市场崩溃,环境极不确定。

除了这些,公司还面临着所有权和控制权的争夺战。WMI 最初的股东比较多元，这些股份在多数情况下被一群寻求获得多数股权的银行家持有。但游戏中还有一个新玩家——来自附近小镇吕登沙伊德（Lüdenscheid）的霍柯（Hueck）家族。

1814年，爱德华·霍柯（Edward Hueck）父子在绍尔兰的山丘上成立了公司，主要开展黄铜和其他金属业务，产品从最初的纽扣扩展到品类广泛的工业产品。他们开创了蒸汽动力的先河，在1879年建造了第一批黄铜轧机，并在1908年安装了德国第一台挤压机。他们继续发展自己的业务，成为WMI的专业供应商。创始人的儿子之一——奥斯卡·爱德华·霍柯（Oskar Edward Hueck）在战争结束后开始购买WMI的股票。当银行家们为了筹集更多的股本来寻求多数股权时，他聘请了他的哥哥——著名律师阿尔弗雷德（Alfred）来应战。他们成功地战胜了对手，并在漫长的斗争后获得了60%的多数股权。奥斯卡·爱德华于1923年成为董事长，并在三年后聘请了他妻子的堂兄威廉·罗普克博士（Dr Wilhelm Röpke）担任商务总监。

所以，即使航船正驶向波涛汹涌的水域，WMI至少有坚定的舵手掌舵。与霍柯公司的合作，为WMI在技术和生产方面积累了一些宝贵资源。奥斯卡·爱德华曾在美国待过一段时间，学到了很多关于大规模生产的方法，这些方法在美国是首创的，在德国才刚刚开始使用。20世纪20年代，WMI在生产方面的一个特点就是使用了早期的自动化技术，并第一次在工厂使用了传送带。

乘风破浪

但是，在20世纪20年代和30年代，产品和市场方面的扩展非常困难。WMI在专注于核心的汽车配件业务和开发更多的产品中徘徊。这段时间基本上是在为生存而战。1925年全球经济严重衰退,导致工厂于1926年关闭了两个月。1929年的华尔街股灾在世界范围内引发了另一波冲击,市场进一步萧条。海拉公司1933年的营业额仅为1929年水平的三分之一,在此期间,员工数量从800多人缩减至250人。

当时全球股市暴跌,经济萧条接踵而至,汽车行业的机会有限,海拉被迫改变生产方式,生产至少有一定需求的产品。他们学会了制造家用产品,如水壶、平底锅、易拉罐和勺子,并与汽车业务的边缘市场——自行车、摩托车和汽艇产品——进行合作。到20世纪30年代初,海拉超过三分之一的营业额来自这些市场,尽管有机会了解不同的市场、技术和材料,但对围绕汽车相关知识构建核心竞争力的影响有限。

转折点出现在20世纪30年代,政府被迫对经济进行干预,国家的控制和指导水平也因此不断提高。1933年,德国取消了汽车税,这之后的五年间,汽车市场从约12万辆增长到1938年的近四倍的规模,海拉公司从为这些汽车提供各种配件中获益。1937年5月28日,"Kraft Durch Freude"(KDF)汽车上市,该名字的意思是"通过欢乐获得力量"。这是大众甲壳虫汽车的前身,"大众的汽车"(Volkswagen,VM)意味着这些车的价格水平每个人都能负担得起。

海拉公司受雇为这个项目提供照明灯、指示灯、喇叭和其他配件,这为后来公司发展的主要方向奠定了基础。公司的扩张还包括在1936年与福特签订了独家供应合同,到1939年,福特成为WMI最重要的客户。生意终于有了起色。公司雇用了1700多名员工,而1933年只有250人。更重要的是,20世纪30年代,公司在招聘和培训年轻人方面进行了系统性投资,为公司在当地的发展奠定了基础,并确保为制造业提供稳定的中级技能人才。

另一场战争带来的衰退

但这种稳定的增长又一次因战争的爆发而中断了。出口市场——包括与福特的关键交易——消失了，军事上的应用占了六成的营业额，尽管这一次更强调了前大灯等核心部件，而不是转移到军备领域进行生产。另一个问题是熟练工人的短缺，因为大多数人都被招募去当兵了。

到战争结束时，德国经济再次接近崩溃，尽管海拉获准可以继续开展贸易，但整个德国的市场规模很小——只有不到 7000 辆汽车，且增长缓慢。劳动力几乎消失殆尽，1945 年，登记在册的员工只有 45 人。为了让生产继续下去，海拉又一次转向生产一切产品——咖啡壶、曲轴、自行车灯、闹钟、英国莱茵军团用的头灯、蔬菜烘干装置、甜菜加工设备和农作物喷洒设备。

乘风破浪的"经济奇迹"

1948 年，"经济奇迹"（Wirtschaftswunder）开始出现，德国工业开始重建。在一定程度的运气加持下，海拉的财富随着这波浪潮而回升。虽然公司的一些精密测量设备被没收了，但工厂的大部分机器仍然完好无损，随时可以使用。公司恢复了战前与福特的联系，这样就能更早地进入一个巨大的出口市场，并接触到不同的客户需求。公司也能够将自己定位为技术领导者——1951 年，公司为福特的 Taunus 和 Goliath 车型提供了第一个闪烁的转向指示灯。

随后十年的汽车生产数据也印证了这一点，海拉提供了大量零部件（见表 2-1）。

表2-1 海拉生产数据（提供零部件的车辆数量）　　（单位：辆）

1949 年	163,000
1954 年	680,000
1959 年	1,700,000

与大众汽车的关系尤为重要。1950 年，大众汽车的销量占海拉销量的一半，到 1955 年上升到 60%。

这一种增长也可以从员工人数上看出来（见表2-2）。

表2-2 海拉的员工人数　　（单位：人）

1945 年	45
1948 年	1,500
1959 年	5,500
1961 年	7,000

出口也是如此。从 1950 年到 1955 年，这一数字大致翻了一番。除了美国，海拉的产品还销往奥地利、瑞士、比荷卢和斯堪的纳维亚半岛。1957 年，一家巴西制造商获得了一系列海拉产品的销售许可证。

但海拉在这一时期的增长，并不仅仅体现在快速扩张的市场上，公司也从持续创新中获得了回报。例如，在产品技术领域，公司在许多关键创新方面领先，包括闪烁指示灯、照明灯、不同形状的前大灯、非对称光束和新的反射器技术。所有这些都需要在光学、机械工程方面进行学习，并不断提高能力建设方面的投入。特别是在新兴的控制领域，电子学的发展提供了一些新的可能性。这对海拉来说是一个关键的转折点。一些简单的机电设备已经投入使用，公司也了解了电子背后的基本物理学。1947 年，晶体管的发明带来了重大的新的可能性。20 世纪 60 年代，随着集成电路和简单可编程设备的发展，固态电子（SSE）在一系列组件中应用成为可能。

1965 年，海拉推出了电子指示器闪光器，成为该市场的早期进入者。

保持连续性——家族联系

接替父辈驾驶航船穿过这片充满新可能性的海洋的是奥斯卡·爱德华·霍柯的儿子阿诺德（Arnold）。作为一名科班出身的物理学家，他于 1950 年加入公司。不久之后，霍柯家族协商买下了所有的 WMI 的剩余股份，在此过程中 WMI 改制成为一家有限公司。为了保持他们在决策方面的自主权，公司 1959 年再次改制成有限责任合伙企业，由阿诺德·霍柯担任执行普通合伙人。1957 年，威廉·罗普克的儿子赖因哈德（Reinhard）加入这一行列，并于 1966 年成为另一位执行普通合伙人。

在"经济奇迹"的岁月里，这两人领导了一个小型管理团队，负责公司的发展。20 世纪 50 年代，他们不断扩大生产设施，1958 年在利普施塔特新增了另一个工厂，并陆续搬到其他几个城市，包括托特瑙（Todtnau）、雷克林豪森（Recklinghausen）、哈姆 - 博库姆 - 霍维尔（Hamm-Bockum-Hövel）和不来梅。类似的产品范围的扩展包括供应雨刷器和洗衣机控制系统，以及警车和特种车辆的旋转信标。在此期间，WMI 的销售额增长了两倍，1959 年首次超过 1 亿马克。

国际化

随着德国工业的重振，海拉开始走向海外。海拉是早期参与国际化浪潮的一分子，此外还有公司的关键客户，如大众等企业。但早在这之前，海拉就已经看到了全球市场的潜力，并主动开始将生产和销售业务转移到海外。1961年，WMI在澳大利亚的门通（Mentone）开设了德国以外的第一家生产工厂，随后又在南美、亚洲和西欧开设了一系列工厂。这一趋势持续了30年。随着苏联的解体，它在捷克共和国、斯洛伐克和斯洛文尼亚建立了新的工厂，以服务于这些开放的市场，最终在大规模的东扩中达到顶峰。

到20世纪90年代中期，海拉已经成为全球一些大型汽车制造商的供应商，销售额约为30亿美元，拥有1.7万名员工。在全球范围内的生产工厂网络——通常就在客户的装配线附近——使准时交货成为可能。2012年，海拉开始与中国汽车制造商北汽合作，开发和生产专门为中国汽车市场设计的照明系统。如今，海拉在超过35个国家的125个网点开展业务。

危机再次来袭

20世纪80年代，海拉继续增长和巩固，特别是在电子产品方面的扩张。另一位家族成员——尤尔根·贝伦德（Jürgen Behrend）于1987年加入，他娶了阿诺德·霍柯的女儿。贝伦德博士是一名科班出身的律师，从1982年起就在鲁登沙伊德的霍柯公司工作，对海拉公司的运作了如指掌（事实上，他对利普施塔特工厂并不陌生，他曾于假期在车间周围工作，也曾为公司开过车）。他与赖因哈德·罗普克一起工作，监督一些较新的发展计划，并为领导团队贡献力量。

尽管这个战略团队有很强的能力（包括年老的威廉·罗普克的持续参与），但这仍然给海拉带来了一些挑战，因为决策实际上集中在高层，而组织的其他部门主要专注于运营和战术决策。1992年，这种集中的风险被残酷地暴露了出来。赖因哈德和他的家人在新西兰度假时乘坐的轻型飞机坠毁，无人生还。海拉顿时失去了领导核心。

尤尔根·贝伦德开始担任全面的领导角色，并于1993年在其他家族成员的支持下成为责任合伙人。他的任务是做出重大的战略决策，重振一家处于旋涡中的公司。

在接下来的几年里，最紧急的任务是稳住这艘大船的航向。但很明显，公司也需要进行一些重大的战略变革。特别是，旧的领导模式相对较少地强调战略规划和控制的作用，而公司现在迫切地需要这些能力。麦肯锡公司受邀带领一个团队，从外部的视角帮助审查并加强公司的运营能力。

团队特别关注的一个领域是产品开发。这方面的业务，特别是在电子领域，已经迅速发展成为一个非常有效的"创意引擎"（ideas engine），但它并没有很好地实现创新——从这些创意中创造价值。团队对这一问题进行了详细的分析，结果表明，在当时的大约4000种产品中，绝大多数都花费了时间和精力，但贡献甚微。

- 95种产品贡献了80%的营业额，占用了34%的研发成本。
- 305种产品贡献了15%的营业额，占用了35%的研发成本。
- 3100种产品贡献了5%的营业额，占用了31%的研发成本。

他们不仅迫切地需要一个更加合理的产品矩阵，还需要制定一个重组资产的流程，以及一个有助于分配资源和推进项目的标准。大约在这个时候，产品经理的概念被引入了（在"03　创新的模式"中对这次重组有更详细的描述）。

1993年，贝伦德推动了一场大的变革，这场变革本质上是为了实现更紧密的功能整合。在此之前，公司内部存在着各自为政、联系松散的小型"帝国"，例如，负责不同领域的副总经理，就有九位之多，尤其是设计、规划和制造部门高度分离。在"Die Änderung"（变革）发生之前，这些部门的运作是完全不同的。正如一位受访者解释的那样，"过去，制造部门只听命行事,从来得不到反馈,也无法给出反馈。同样,没有设计师知道他的设计对价格的影响,他们没有成本意识,既不知道零部件成本,也不知道最终售价。研发部门从不和生产部门打交道,那是被禁止的"。

不可避免地,这意味着资源低效利用和重复性工作的风险。这种"变革"使不同的部门更紧密地联系在一起——例如,在生产的同时进行设备的测量和测试。

企业家责任

管理咨询顾问的到来,为公司带来了新的方法和技术,使之能够适应新的变化。这些变化,在很大程度上与尤尔根·贝伦德与众不同的管理理念有关,这些理念最初是他在吕登沙伊德与霍柯公司工作期间学习并经过检验的。他坚信"企业家的责任",即员工可以做出很多贡献,也愿意做出贡献。他们的动力来源于此,而不是简单的物质奖励。要使员工能够做出贡献,管理层也需要承担责任,为他们创造条件。在某种程度上,这种理念与公司成长过程中形成的专制风格格格不入,但在走访和了解了利普施塔特工厂后,他坚信采用这种更具参与性的方式是有价值的,并尝试着改变企业文化。

公司内部的情况已经开始发生变化,其中一个重要因素是电子技术的转变,这带来了创新游戏中关键参与者的"新老交替"。为了顺应电子应用日益增长的浪潮,公司需要招募对旧的WMI文化没有直接经验的年轻人。与此同时,还有一大群人成长于更加机械化的时代,对新时代感到不适应。1992年,一个综合电子团队成立了,这个团队把硬件和软件工程师聚集在一起,进一步加强了不断增长的知识库之间的联系。

1996年,基本创新模式开始转变。从由企业家的想法驱动的方式,转向更以客户为中心、强调计划和审查的方式。创新成为一种基于矩阵的活动,将不同的参与者更紧密地联系在一起。公司制定了明确的产品和市场战略,为未来的创新活动奠定了基础,明确承诺将继续投资电子产品,并将其作为增长引擎。重要的是,还有一个小组(建立在20世纪60年代最初的未来发展组织的基础上)负责探索核心战略边缘的产品和流程。实际上,海拉已经有了一个庞大的重点开发的团队和一个较小的面向未来的团队。

这样做的一个关键原因是为了更有效地调动公司的知识库。海拉已经在照明和汽车电子领域建立了强劲的竞争力,但不一定能充分利用这些知识。重组有助于这种整合,新的产品经理与工厂内部的专家在建立联系和网络方面发挥了关键作用。

这一时期,重组的另一个好处是摆脱了利普施塔特总部的强大中央集权。尽管该公司已经扩展了国际布局,但在很大程度上仍由德国中心管理。20世纪90年代,该公司在中国、美国和墨西哥建立了强大的运营中心,并转向更扁平、更全球化的模式。

21世纪的海拉——古老的危机,新的风暴

在公司成立100周年之际,也就是1999年,萨利·温德穆勒的远见卓识得到了回报。随着汽车工业的蓬勃发展,公司的业务也得到了发展,他押下的赌注是对的,他认为汽车行业将需要喇叭、灯和其他配件。但公司也发生了转变,又发展出三条有价值的分支。售后市场业务可以帮助平衡原始设备制造(Original Equipment Manufacturer,OEM)领域的领先、落后和不确定性。作为电子技术领域的成熟供应商,售后市场业务日益独立,并获得了存在感。专注于周边市场的特殊应用业务,充分利用海拉的核心知识库。重要的是,该公司也不再仅仅依赖于内部能力,与合作伙伴

和合资企业的网络使他们能够探索复杂的技术前沿。

但公司还没有走出困境。在全球化的驱动下，尤其是海拉强大的客户越来越重视降低成本，这使海拉面临更大的压力，需要对供应基地进行合理化和集中化。海拉需要逐步成为一个可靠的顶级供应商，否则就得退出游戏。

新千年的第一个十年充满了挑战。例如，2005年至2006年，海拉的照明业务经历了一场危机，公司随之采取了一系列措施以维护稳定发展；2006年至2007年，公司在削减成本和提高效率方面的举措帮助他们恢复了元气；2008年，雷曼兄弟破产引发的全球金融危机也对海拉造成了不利影响。这场危机对世界工业产生了重大影响，例如，所有主要的美国汽车制造商都需要政府的大规模援助才能继续经营。但海拉加强核心竞争力的努力取得了成效，尽管受到这些外部冲击，它仍保持盈利。

对尤尔根·贝伦德来说，独自经营公司是困难的。20世纪90年代末，麦肯锡团队中的罗尔夫·布雷登巴赫（Rolf Breidenbach）博士为公司提供了大量的帮助，并与尤尔根建立了良好的工作关系，两人保持着密切联系。当尤尔根向家族提出需要引进一位战略高级经理来协助他时，这个家族积极地接受了他提议的布雷登巴赫这个人选。贝伦德找到了布雷登巴赫，他于2003年全职加入公司，担任联合首席执行官。

这为公司注入了额外的战略能力，帮助尤尔根·贝伦德补充了强大的专业运营知识，帮助他进一步完善公司愿景、面对未来挑战。两人开启了公司的另一个时代，发挥了有效的双重作用，在创业探索、谨慎运营和对核心知识库的系统开发之间取得了平衡。海拉启动了一系列举措，围绕开放式创新、多元化和应对颠覆性创新的能力，探索和扩展自身能力。但是，无论遇到何种情况，海拉都会对这些新方法的相关性及其配置进行谨慎的评估，以确保它们符合海拉所处的环境。

2014年，该公司已经恢复了强劲的盈利能力，并在法兰克福证券交易所上市约30%的股份。这是关键的一步。海拉从家族企业起步，逐渐进入资本市场这一更广阔的世界。在这个过程中，海拉认识到它还需要额外的资源来支持未来的增长，但也认识到那种由家族成员亲力亲为的战略管理方式急需转变。2016年，尤尔根·贝伦德宣布了辞职意向。从2017年10月起，公司由罗尔夫·布雷登巴赫一人掌舵，他向家族股东和外部股东汇报。

创新的连续性

纵观其历史，创新一直是海拉日常行为模式的核心，它的组织和管理能力也在稳步发展。对萨利·温德穆勒来说，生存绝非易事——初创企业从来都不容易。但作为一家以技术为基础的企业，该公司的早期增长依赖于源源不断的产品创新和流程创新，这有助于其在市场上创造价值。这种优势是根深蒂固的，因此即使在经历两次战争的巨大挫折之后，该公司仍能够借助创新浪潮重振雄风。

但汽车行业的发展也给这种创新模式带来了新的挑战。海拉需要应对更多样的产品和更多定制化解决方案的需求，以及在保持高质量标准的同时削减成本和缩短交货时间的压力。与主要汽车制造商的密切联系，将海拉与它们严格而苛刻的开发周期紧密联系在一起。总体而言，随着利润率的下降，海拉的产品和工艺工程师面临着越来越大的压力，必须用更少的钱做更多的事。

海拉在很多方面做出了回应。它投入巨资推动技术革新，从而延伸出新颖的照明解决方案。例如，在产品创新方面，海拉实现了多项世界第一。1991年，公司在法兰克福国际汽车展上展出了氙气前大灯。与传统的卤素大灯相比,这种新颖的设计有效地将光输出提高了一倍,并将灯消耗的能量减少了三分之一。一年后,宝马的氙气大灯开始批量生产,在业内掀起了一股潮流。在接下来的几年里,海拉开发了不同的改进款式,包括一种同时具有高光束和低光束的大灯系统。虽然比卤素灯更贵,但氙气灯在夜间明显扩大了驾驶者的视野。

与流程创新的联系也变得更加紧密。为了降低日益增长的各种车型的研发和生产成本——每种车型的前大灯设计都截然不同——海拉的工程师们提出了一种基于微型发光二极管的模块化系统。这种 LED 技术可以将预先生产的照明模块组合成无限多的变化。该技术于 1992 年首次用于一辆宝马敞篷车的刹车灯,很快也被用于其他后车灯。

海拉开始扩大这些技术的应用范围,跨越邻近的市场,如商用车、拖车、摩托车、自行车、船舶和火车。1996 年,公司将海拉航空航天有限公司(Hella Aerospace GmbH)剥离出来,作为航空照明的独立子公司,后来卖给了美国的古德里奇公司。

也正是在这一时期,电子产品开始作为一个独立的部门发挥越来越重要的作用,不仅为照明系统提供控制装置,而且扩展到开关和继电器、遥控器、电子控制和传感器等广泛的领域。

我们将在下文中更详细地探讨其中的几个案例。

开始创新游戏

20 世纪 90 年代,海拉开始认识到一个在如今这个开放式创新的时代很常见的原则,那就是"不是所有聪明的人都为我们工作"。在如此复杂的技术前沿领域进行竞争,需要发展网络和合作伙伴关系,因此,海拉开始通过收购、合并和合资等多种方式实现这些目标。这一观点得到了尤尔根·贝伦德的特别支持,他成为了"网络战略"的先驱,帮助推动了整个企业向知识导向型方向发展。

贝伦德还意识到,由海拉等独立供应商网络开发、制造和销售的智能汽车系统是公司的未来。这一举措预示着汽车供应商的角色将发生日益重要的转变,即从单纯的零部件采购商店转变为拥有战略知识和能力的整体系统集成商。

从1992年开始,位于德国东部的海拉新工厂为大众汽车的多款车型生产完整的前端模块。1999年,海拉与德国贝尔集团(Behr)成立了合资企业,贝尔集团是空调和电机冷却装置的供应商,也是海拉的长期商业合作伙伴。2001年,海拉又与两家战略合作伙伴建立了新的合资企业:一家是日本照明组件制造商斯坦利电气(Stanley Electric),另一家是德国汽车布线专家莱尼布线系统(Leoni Bordnetz Systeme)。两年后,海拉宣布与日本制造商Taiko器件股份有限公司(Taiko Device Techno & Co.)建立战略联盟,共同销售汽车继电器。

如今,海拉的"网络战略"涉及与数十家公司建立战略伙伴关系和合资企业,这些公司身居知识前沿,为海拉的照明、电子、售后市场和特殊应用领域提供支持。例如,目前在基于摄像头的驾驶员辅助系统这一具有重要战略意义的领域,海拉的工作能力来自于他们在2006年收购的总部位于柏林的视觉传感器系统专家阿格莱亚(Aglaia)。

海拉一直从事售后市场业务,为第三方批发商、车间和车库提供替代品和备件。21世纪早期,海拉的核心照明业务陷入危机,2003年出现亏损。幸运的是,售后市场业务保持强劲,为了提升在这一领域的能力,海拉引入了"海拉服务伙伴"体系,旨在提升德国汽车修理店对公司的忠诚度。另一个关键的合作伙伴是成立于2005年的合资企业贝洱海拉服务(Behr Hella Service),该公司旨在支持全球独立的汽车空调和发动机冷却系统市场。

流程创新——海拉生产系统的诞生

20世纪80年代,海拉在汽车工业的扩张中顺风顺水,但在随后的十年里,情况变得愈加艰难。特别是,全球竞争暴露出生产率的巨大差异,日本制造商在许多关键绩效指标上远远领先于其他国家。海拉开始探索流程创新,理解"精益"方法背后的原则,如丰田的生产系统。

这一理念的核心是减少浪费,并不断提高质量和推动生产力的发展。这在一定程度上是通过员工的高度参与实现的。

对于汽车供应商行业来说,这与其说是一个警钟,不如说是一个全面的警报。在所谓的"洛佩兹时代"——以通用汽车好胜的采购总监伊格纳西奥·洛佩兹(Ignacio Lopez)的名字命名,供应商面临挑战,要么在成本、质量和交货方面做出重大改进,要么停止与主要汽车制造商的贸易。正如贝伦德博士当时所指出的,对海拉来说,这是一个简单的问题——"生存还是毁灭"!

公司前进道路的核心是持续改进(Continuous Improvement,CI)——找到让员工参与到持续增量创新过程中的方法。这不仅是一种新的管理技术,而且是组织运作的基本思维模式的根本转变——"模式创新"(Paradigm Innovation)。但在很多方面,它也回到了一个核心价值观——"企业家责任"(Entrepreneurial Responsibility)。

但要实现持续创新,不仅仅是挥舞一面旗帜,期待人们团结在它背后。如果企业对持续创新是认真的,那么它需要创造条件,让持续改进得以蓬勃发展——这是一种文化,在这种文化中,持续创新是人们的日常行为模式,而这取决于培养的人才和他们所在的组织如何认识和实施这种理念。这种文化的核心价值——从海拉成立之初就存在的核心价值——是"企业家责任"。这是一件双向的事情——从员工方面来说，他们希望将自己的创造力和精力用于持续改进；从管理层方面来说，他们希望能够创造条件，让员工感到满足，得到支持，被赋予目标感和做出贡献的机会。

这一理念的核心是将员工视为有能力和负责任的合作伙伴，并相信他们会这样做。这需要领导者不仅准备好分享这些价值观，而且要言出必行，创造可靠和值得信任的环境，提高信息的透明度，与员工进行交流，鼓励员工的创造力。而且尤其需要一定的容错率——创新涉及冒险和实验，而这些可能并不总是有效。

对20世纪90年代的海拉来说，这既是挑战，也是机遇。正如贝伦德博士在向董事会推荐持续创新的报告中所写：

> 如果我们的员工相信他们可以在海拉的这些目标和指导方针下协同工作，那么我相信这将是海拉在90年代取得更大成功的重要先决条件。（1991年3月12日）

持续创新体现在1991年引入的全面质量管理理念中，该理念建立在三个核心原则之上：

- 以客户满意度为最高目标。
- 赋予员工权力，使其能够保证客户满意度。
- 企业家责任——改进流程和组织结构的战略指导方针，以支持企业家责任。

这一招奏效了——衡量的成功标准之一是它能够帮助海拉生存和发展。20世纪80年代末，海拉有3万家独立供应商，但25年后，只剩下10%。

放眼创新的地平线

如今海拉的创新环境有一点"似曾相识之感"(déjà vu)。萨利·温德穆勒可能不会觉得这有多奇怪——环顾四周,会有一种行业处于发展早期阶段的感觉。强大的技术力量开启了新的巨大的可能性——无人驾驶汽车,电力或氢等新型燃料提供的高效清洁能源,以及最重要的智能驾驶趋势。未来的出行很可能涉及能够感知并以战略方式行动的智能设备,所有这些都是高度连接的物联网世界的一部分。

在市场方面,巨大的社会转变改变了车辆和出行所扮演的角色,也改变了人们对此的期望。消费者越来越想要与亨利·福特所提供的相反的东西。一百年来,时代的需求已经从大规模生产过渡到大规模定制,针对个人需求的定制也在不断增加。所有权模式正受到基于租赁和共享的替代方案的挑战,在极端情况下,人们开始质疑自己是否真的需要一辆车。

有一股强大的力量正在影响着我们的行为。在排放、安全和可持续性方面的立法和监管压力,正在重塑汽车制造业的竞争格局。

但这似乎还不足以让所有人望而却步,新的环境已经吸引了一批全新的玩家参与到这场游戏中来。像苹果这样的电脑公司、像谷歌这样的知识巨头、像特斯拉这样的独立又有远见的企业正在不断向前推进,重塑竞争格局。

毫无疑问,这种新形势也会带来新的机会,问题是海拉将如何把握这些机会。到目前为止,海拉的成功在很大程度上要归功于我们在本书开头提到的三个关键要素的战略管理:

- 技能——建立和管理知识库。

- 能力——从知识库中创造价值，将想法转化为创新。通过不断学习实现创新的关键经验，并将其融入公司的日常行为模式来重复这个技巧。
- 连续性——确保公司的创新能力得以传承，理解并传递创新的DNA。

在下一章中我们将更详细地了解这些要素是如何发挥作用的，现在让我们先看看海拉创新史上一些更详细的例子。

拓展资源

你可以在 www.innovation-portal.info 上找到许多有用的资源——案例研究、视频和音频，以及探索本章中讨论的一些主题的工具。

- 公司历史的案例研究，包括马歇尔、3M和康宁。
- 早期汽车工业的案例研究，特别是围绕福特T型车及其对产品和流程创新的革命性影响。

反思与问题

1. 创新就是改变——但只是朝着不同的方向随机地改变事物不太可能推动组织向前发展。正如那句老话所说，"如果你不知道要去哪里，你最终可能在别处"！因此，我们需要一个创新战略，一种引导和塑造变革的路线图，确保尽可能明智地使用有限的资源。选择一家企业，试着研究其基本战略。开始的时候，企业想要利用的最初的"良策"（big idea）是什么？

它们现在的方法是什么？它们试图用来推动前进的主要变革方向是什么？

2. 找到另一个公司历史的例子，并将其经历与海拉的经历进行比较。特别是，探索它们如何在政治、技术、市场和竞争等方面度过外部变革的浪潮。

3. 选择一个行业，并试着根据以下问题来分析（你可以使用来自创新门户网的照明、成像或音乐行业的例子）。

- 这些变化在多大程度上涉及能力提升（例如，建立在行业参与者已掌握的能力基础上，从而加强其地位）或能力破坏（即需要学习一些新技巧的全新事物）的创新？
- 为谁而创新？（想想这个行业的不同参与者——谁可能是赢家，谁可能是输家。）
- 企业会采取什么策略来利用这些机会？（同样，要考虑行业中的不同参与者，以及他们可能如何捍卫自己的地位或开辟新的机会。）

03 创新的模式

Riding the Innovation Wave:
Learning to Create Value from Ideas

法国著名化学家路易斯·巴斯德（Louis Pasteur）曾说过，"机会总是青睐有准备的人"。这句话至今仍然具有重要的意义，提醒人们采取战略方法进行创新的重要性。一个组织不可能仅仅依靠运气就能度过百年岁月，而是得靠自己创造"运气"。海拉能够在危机中生存下来，安然度过一波又一波的挑战，很大程度上归功于巴斯德所说的"准备"。它一直在技能（建立和培养深厚的知识库）、能力（学习如何通过建立支持创新的流程和组织架构，将知识转化为价值）和连续性（发扬公司的核心价值观，创造具有"企业家责任"的文化）方面集中地投入。

当然，技术很重要，海拉的创新故事在很大程度上是建立在对科学知识的尊重和投资的基础上的。获取拥有这些知识的人，开发利用这些知识的技能，对其进行调整和配置，使其能够在一个平台或产品中获得重新应用——这些都是海拉已学会的工作方式。支撑这一切的是对这些知识价值的尊重——从萨利·温德穆勒早期认识到投资研发的重要性，到作为科学家和工程师的霍柯和罗普克家族的认知，直到今天，公司约五分之一的员工都在从事某种形式的研发工作。

重要的是，这不仅仅是理论知识。自从萨利·温德穆勒开始在利普施塔特的街道上驾驶自己的汽车以来，就有了通过实践、实验和原型设计来学习的系统。许多突破性的创新并不直接来自于绘图板，而是经过各种试验努力的结果——它们并不总是奏效，但所有这些都有助于对底层技术及其功能的深入"实践"理解。

而且，海拉不仅在产品和工艺领域应用了这些原则，在国际化的进程中，其早期举措同样可以归功于这一原型设计的精神——跳入水中，学习快速游泳！尝试新的组织结构和方法，以应对外部世界日益增多的挑战，通过合资企业和战略合作发展丰富的外部知识网络，构建专家探索能力，从而对未来的关键颠覆性趋势提供早期预警。

所有这一切都是与遍布整个组织的创业能力相结合的战略方法的结果。重要的是，它不仅仅集中在产品领域。正如我们将看到的，海拉在广泛探索其创新空间方面也做得很好。

探索创新空间——4Ps 框架

没有一个组织拥有无限的资源，因此制定创新战略需要回答两个关键问题：

- 我们可以在哪里创新？
- 在能做的所有事情中，我们应该做哪些，为什么？

导航员和地图绘制者使用一种必不可少的工具（即使在 GPS 设备盛行的今天）——指南针。从而知道自己在哪里，该往哪个方向走。创新也是如此。我们也需要以某种方式来规划创新的可能方向，并帮助我们投入资源和精力，实现这一目标。

首先，可以考虑创新可能发生的四个不同方向：

- 产品或服务（The product or service）——我们提供什么？
- 流程（The process）——我们如何生产和交付产品或服务？
- 定位（The position）——产品和服务进入哪个目标市场？
- 商业模式（The paradigm or business model）——我们如何思考？

这个"4Ps框架"让我们对组织的"创新空间"（Innovation space）有了一个概念，并帮助我们回答"我们可以在哪里创新"。同样重要的是，要认识到每个维度都有一个范围，从简单的渐进性创新（做得更好）到突破性创新（做得不同）（图 3-1）。㊀

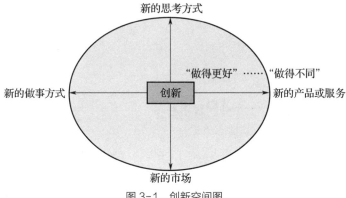

图 3-1　创新空间图

对于任何一个组织来说，都有大量的创新空间，我们可以想出许多可以走的路线，不仅仅沿着四个主要方向，也可以结合起来。例如，我们可以像任天堂（Nintendo）在家用游戏机（Wii）和便携式游戏机（DS）上所做的那样，推出一种新产品，打开一个新的市场——那些以前从未玩过电脑游戏的人。或者，我们可以像麦当劳那样，借鉴亨利·福特在汽车制造方面的大规模生产流程创新，打开快餐市场。

㊀ Joe Tidd and John Bessant（2014）.

03 创新的模式

表 3-1 给出了一些符合 4Ps 的案例。

表 3-1 一些符合 4Ps 的案例

创新	与该模型的相符之处	解释
哈根达斯冰淇淋	渐进性定位创新	通过将冰淇淋重新定义为成年人可以享受的东西，开辟了新的市场空间
罗尔斯 - 罗伊斯公司（Rolls Royce）和通用电气航空发动机的"按小时发电"的商业模式	渐进性模式创新	从本质上将业务定义成为服务和支持，而不是产品
iPod 播放器	渐进性产品创新	播放器本身只是一个精心设计的具有播放功能的硬盘存储驱动器。苹果没有发明这一概念，但确实在最初的基础上做出了非常受欢迎的改进
iTunes	突破性模式创新	从根本上改变了越来越多的人购买和使用音乐的方式——定制化，低成本，更多接触艺术家的机会等。苹果不得不努力协调版权管理、发行等事务
丰田生产方式	突破性流程创新	从根本上改变了汽车制造商（以及后来许多其他行业）制造汽车的方法。更加强调团队合作、减少浪费和"准时制"拉动系统，而不是试图预测需求和保持大量库存"以防万一"
IT 服务外包	渐进性流程创新	从本质上讲，这里的转变是将服务提供转移到另一家公司——但执行的是相同的操作。与洗衣服务的类比——对某些人来说，让外部机构为他们做这件事更方便
空客 A319	渐进性产品创新	虽然包含了一些有趣的技术改进，并针对航空市场的特定需求，但这基本上还是对拥有两个引擎喷气式宽型飞机的改进
博士伦的"眼戴"业务模式向"眼护理"业务模式转变（从销售眼镜、隐形眼镜等转向激光手术设备等高科技领域）	渐进性模式创新	尽管该公司对业务重新进行了定义，不再生产一次性隐形眼镜等低价值商品，但其基本业务仍围绕眼睛展开，并利用了该公司近一个世纪以来对这一业务的深刻理解

（续）

创新	与该模型的相符之处	解释
超市购物	突破性流程创新	当超市的概念最初在美国发展，后来在20世纪50年代传入欧洲时，它从根本上改变了我们对零售过程的看法——从店员服务转向自助服务
廉价航空	突破性定位创新	从本质上讲，它把飞行的概念提供给了一群新的用户，他们以前因为成本太高而无法参与飞行。这种价格的降低意味着一个全新的市场被创造出来，而不是简单地分割现有市场
语音互联网协议（VOIP）电话	突破性定位创新	电话拨打方式的根本改变，从使用固定线路或移动电话（蜂窝电话）到通过互联网拨打电话。在改变模式后，成本大幅下降，许多像Skype这样的提供商提供了完全免费通话的服务
"胶囊旅馆"——非常小的房间（最初在日本出现），有基本的设施，供用户在市中心过夜	渐进性产品创新	从本质上讲，这是酒店房间基本主题的有趣变体——在这种情况下，解决了低成本城市中心住宿的特殊需求
面向印度市场的低成本"单次服务"洗发水，针对低收入家庭（＜2美元/天）	渐进性定位创新	从本质上讲，这在印度等国家的穷人中开辟了一个新的细分市场——这个群体想要高质量的洗发水，但买不起"正常"250毫升大小的洗发水
亨利·福特的大规模量产工厂	突破性模式创新	尽管这些元素是在早期的许多行业中开发出来的，但福特的工程师们将技术和工作实践结合起来，使产品和流程标准化，并大幅降低了产品的制造成本——在这种情况下，以普通人都能负担得起的价格制造出"普通人的汽车"。大规模生产模式从20世纪20年代开始传播到大多数制造业和许多服务业
螺旋盖葡萄酒瓶盖	渐进性产品创新	虽然这种螺旋盖代替软木塞对软木塞行业产生了影响，但在更广泛的酒业中，这是一个相对较小的改进
网上银行及保险	突破性流程创新	从根本上改变了金融和其他服务的交付方式，从劳动密集型的面对面交付转向自动化程度更高和成本更低的交付
青霉素和其他抗生素	突破性产品创新	开辟了医药行业的一个全新领域

(续)

创新	与该模型的相符之处	解释
跨大西洋商务舱航线的平板床	渐进性产品创新	在座位和客舱安排上进行相对较小的改动,改善了服务
白光 LED 灯	突破性产品创新	价格和性能的根本转变,具有高水平的能源效率(提高85%)和更长的寿命(20倍)
在线健康咨询,例如英国的 NHS Direct	渐进性流程创新	通过网络或电话提供健康咨询服务,而不是面对面与医生或护士进行交流

探索海拉的创新空间

那么,这又如何应用到海拉以及它的创新发展中呢?让我们再详细地看看这四个方向。

产品创新

这一直是海拉业务的核心,正如我们看到的那样,大量的研发投入意味着一系列的"第一",以及围绕质量、成本和定制化的渐进性创新进行的系统性整合。

海拉在这方面的投入使其能够持续不断地进行产品创新,在多个领域成为第一个引入新品类的公司。例如:

- 卤素大灯的想法早在20世纪60年代就有了,海拉在1962年就开始了它的研发工作,到1971年,它已能够向大众汽车公司提供德国第一款量产车型。
- 在灯具几何外形方面的投资,意味着它可以推出一种基于早期计算机辅助设计应用的"自由形态"技术。这项技术始于1988年，并迅速成为行业标准，因为主要客户期望车灯的形状能够与令人兴奋的新车身的风格相匹配。

- 1991年，一辆配备了全新技术——氙气放电灯的奔驰汽车在法兰克福车展上亮相，再次确立了海拉的创新声誉。
- 1992年，固态照明——LED——首次应用于宝马系列3的刹车灯。这又是一次激进的尝试，是该行业的创新，但海拉在学习方面的大量投资为基奠定了基础。
- 1994年，海拉又迈出了关键的一步——将多个照明系统整合成一个由光纤连接的公共网络。CELIS中央照明系统影响了未来的发展规划，沿着这一方向，越来越多的车辆电子设备被连接到一个集成的系统中进行控制，而不是作为孤立的组件。

不仅仅在照明技术领域，其他领域也以类似的创业方式发展起来。例如，通过早期与保时捷的合作，海拉率先提出气候控制的概念。车身电子系统——在汽车中嵌入智能和控制（例如在座椅中）系统——成为另一个专业领域。

（值得记住的是，在经历了这一切之后，公司仍在制造和创新一个世纪前的汽车喇叭！）

产品创新的悠久传统伴随着一个重要的转变，即从简单的组件转向提供系统级解决方案，并转向提供平台架构。这样的方法提供了强大的竞争优势，因为它们需要将不同的知识元素整合到一个更高层次的框架中（我们将在"09 创新的平台思维"中更详细地讨论这个主题，但值得注意的是，虽然这已经成为海拉创新战略的一个关键支柱，但它也有着悠久的历史）。早期，在前灯出现的时候，连接光源、镜头和反射镜的海拉系统就是一种创新。后来，汽车电子技术的发展也获益于对硬件和软件知识以及关键应用领域进行整合。如气候控制这样的成功案例都源于这种方法。

许多以技术为基础的公司都会面临创新模式过于"知识驱动"的问题。它们创造的产品在设计师看来非常令人兴奋，却没有真正的市场需求。在某种程度上，这是20世纪90年代初的电子产品创新的特点，一种能够与市场进行良好沟通的模式取代了它。通过产品管理，促使产品开发的过程更加关注特定客户的需求。

这种模式将会持续存在。人们日渐认识到不仅要了解像汽车制造商这样的直接客户，而且要触达终端用户，将海拉的潜在产品理念融入人们的生活环境中，帮助解决关于机动性、安全性等方面的问题。重要的是，这一过程已经转变为"共同创造"（co-creation），在这个过程中，海拉与其关键客户一起构思和探索新的想法。这在一定程度上反映了海拉深厚的技术能力。这种方法能够将利益相关方聚到一起，共同探讨如何利用海拉的技术满足新的需求，正在得到越来越多的应用。考虑到物联网的发展，这种产品创新的方法可能会变得越来越重要。

流程创新——重新思考如何运营海拉

创新不仅仅是提供新的产品和服务，还包括改变我们创造和提供这些产品和服务的方式。从成立之初，海拉就努力寻找新的、有效的方式来增加产量。最早的举措之一是在20世纪20年代学习大规模生产的技术。随后，海拉开始持续投资新技术，例如研究塑料，并在20世纪60年代进入了完全不同的电子领域。海拉不仅掌握了核心技术，而且掌握了如何将它们与机械组件集成并组装完整的系统。

流程创新不仅仅与机械和设备相关，它还涉及组织的工作方式和潜在的生产哲学。20世纪80年代，随着"全面质量管理"的深入人心，欧洲的质量管理方法开始发生变化。成功的日本制造商尤其是汽车行业制造商的成功经验，展示了质量及其系统管理的重要性。全面质量管理得到了基于ISO9000框架的支持，海拉在20世纪90年代初开始实施这些标准，同时对整个生产方法进行了改进。㊀海拉开始采用精益思维原则，并结合自己的试验和部署做出了改进，在世界各地的海拉生产系统中推行这一原则。（我们将在下一章中对此进行更详细的探讨。）

流程创新的另一个关键因素是供应商和最终生产商之间的紧密联系，在汽车行业，这一直是变革的关键领域。从一开始，海拉就与大众汽车公司建立了密切的联系，努力与主要制造商合作，简化物流，甚至在总装厂附近建立了卫星工厂。此外，利用模块化设计等技术进行流程创新——例如，为大众汽车公司提供包含大灯、指示灯和其他内置元素的整个前端总成——从而有助于成本、交货时间和质量方面的持续改进。

流程创新不仅仅涵盖工厂、设备和工艺等方面。只有当组织内部存在有意愿并有能力支持变革的人的时候，创新才能发生。而这需要对人员的招聘、发展和留任做出规划。从成立之初，海拉就一直致力于培养人才，并将熟练和有经验的员工视为发展创新业务的关键资源。自20世纪20年代在建立学徒制方面发挥带头作用以来，海拉一直在教育和培训方面进行投资，这一传统延续至今。例如，海拉在2014年帮助利普施塔特市创办了一所应用技术大学（Fachhochschule）。而且，除了20世纪30年代经济衰退的那段非常黑暗的日子外，海拉一直尽可能避免裁员。

这是一种核心价值观，海拉将其表述为"企业家责任"。从本质上说，这意味着对所有员工都给予了一种相同的期望，期望他们贡献自己的想法、精力和创造力来帮助企业发展；而对管理层来说，这意味着要确保具备实现这一目标的条件。这是至关重要的因素，要使这种方法发挥作用，就需

㊀ Womack and Jones（2005）.

要有明确的战略方向，同时进行投资，以表明对这些原则的真正遵循。

长期实施的员工建议计划就是一个很好的例子。该计划从员工群体中征集改进产品和工作流程的建议。最新的实践是利用创新竞赛"Driving E-novation"来激发员工一起为新颖和创新的想法而工作。

作为一个成长中的组织，海拉面临的另一个挑战是重新思考和挑战现有的创新结构。对一个小型初创企业来说，这很容易，因为人们有共同的愿景，非常清楚生存和发展的战略目标是什么。但是，随着企业的成长和专业化，越来越多的员工被分配到不同的专业团队中。在这个过程中，不可避免地需要协调和整合来自不同专业知识的挑战，并且需要重新思考组织应该如何构建和运营。

海拉的危机发生在20世纪90年代初。随着组织的发展和越来越专业化，不同部门之间的隔阂出现了，特别是在研发设计部门与生产制造部门之间。在外部顾问的帮助下，1993年，海拉引入了一种新的模式。这种模式提供了一个更紧密的一体化结构，支持创新从想法产生到大规模生产的落地。通过达成共识和避免资源浪费，这种结构缩短了新想法进入市场的时间，提高了创新的质量。

这种组织创新强调了发展互补且并行的能力的必要性，有助于企业应对日益复杂的环境。海拉从一个简单的临时结构开始起步，在这个过程中经历了各种形式的正规化和专业化的训练，至今已经度过百年的历史。如今，海拉正面临广泛的挑战，它需要适应不同的国际环境，处理日益复杂的技术系统，面对传统参与者、新进入者和颠覆性力量等组成的市场。显然，指望一个单一的创新组织来处理所有这些挑战是不现实的。海拉最新的实践是创建和培育并行项目，以支持其创新战略的落地。

定位创新——进入新市场

创新不只关乎产品，也关乎产品的定位。我们可以通过改变环境来创新——转移到新的细分市场或转移地理布局。作为一家规模如此之大的公司，海拉很快就在其他方面进行了探索，而且这种探索不仅仅是建立一个销售办公室。早在1961年，因为预料大众汽车公司会搬到澳大利亚，海拉就在那里开设了工厂。随后，海拉又与巴西和印度的企业达成了重要的战略许可协议，为其国际化奠定了基础。

进军新市场不仅仅是为了扩大需求，也是一个巨大的学习机会，学习如何在不同的环境中工作，如何与不同的用户合作并满足他们的需求。定位创新可以成为创新的强大源泉，但这种行为兼具试验性和战略性，而早期的尝试并不总是成功的。直到20世纪70年代，海拉在总结了其在管理和巩固全球网络的经验教训的基础上，才采取了一种更有组织、更系统化的国际化方法。

随着专业化程度的提高，进军新市场有可能出现四波国际化浪潮：

- 第一波浪潮基本上是由企业家引导的，目标国家的选择主要是通过个人关系或关键客户的吸引，进军澳大利亚、美国和巴西就属于这一类。
- 第二波浪潮更多是为了扩大业务范围，主要由照明业务主导，与不断变化的生产成本、技术的可用性以及接近新市场有关，也与战略合作伙伴和合资企业有关。
- 第三波浪潮进一步延伸到战略性新兴地区，特别是中国和印度。
- 第四波浪潮通过越来越多的合资企业（尤其是中国企业）巩固了这些优势。

同样，在扩张过程中，海拉开始寻找新市场，以部署其不断增长的知识库——在飞机、船舶、农业以及与其核心汽车业务毗邻的其他广阔领域开展工作。

海拉业务的一个重要组成部分一直是售后市场，为服务和车间贸易提供替换件和备件。找到与这个市场合作的新方法，对其细分市场及其特殊需求有更深入的了解，这是创新战略的重要内容。尤其是，这类服务对技术的要求越来越高，意味着这个市场开始需要自己的配套产品和服务。诊断领域就是一个很好的例子：自20世纪80年代以来，随着汽车电子设备的兴起，监测汽车性能以及快速发现并修复问题的方式发生了变革。诊断设备逐渐成为海拉的一个关键产品。海拉还在该领域建立了几个战略联盟和合资企业，包括海拉古特曼（Hella Gutmann）等该领域的主要参与者。从与这些专业市场的合作中获得的知识，也为主流新产品的开发提供了强大的动力。

重要的是，创新战略就是要开拓前沿，探索全新的领域。于是，海拉成立了一个新的部门，负责探索海拉知识库在非汽车领域的应用。在这方面，海拉面临着一场艰难的斗争，需要努力了解完全不同的市场及其发展前景，并在完全不同的产品中应用已有的技术。海拉进入了街道照明系统和工业照明应用等领域，探索为这些领域融资和分担风险的创新举措。

事实证明，这些探索是困难的，且分散了发展核心业务的精力。这是一个有价值的学习过程，进入了一些新的市场，并且为未来提供了宝贵的经验。但是，这个部门在2016年被出售了。

定位创新还涉及企业之间的关系，比如供应链上的内部市场。在这方面，创新的一个重要方向与企业在更广泛的系统中为自己定位的角色有关。如今，很多人都在谈论平台的概念，英特尔的案例就很有启发意义：英特尔通过成为供应链的核心，建立了强大的市场地位。零部件供应商在设计时需要考虑其适配性，电脑、手机等制造商在设计时需要考虑如何"内置英特尔"，使消费者认可这种架构的潜在可靠性。英特尔已经有效地将自己定位成平台模式的核心。

通过类似的方式，海拉逐渐成了一个这样的关键参与者。它连接了半导体制造商等技术供应商以及汽车制造商等下游客户，建立并维护这些知识网络，从中获得有关技术和市场趋势的知识，并利用这一点确保其在未来继续保持核心地位。

定位创新不仅仅与面向什么市场有关，它还涉及如何向市场讲述故事，以及如何塑造客户心智。就海拉而言，这关乎技术能力和创新的信息传递。但近年来，这种叙事变得更具战略意义。海拉是一个有价值的合作伙伴，与它一起探索新领域是可能的，因为海拉愿意一起承担风险。这在海拉有着悠久的历史。例如，氙气照明和气候控制系统的早期开发，都始于与一家寻求开拓新领域的汽车制造商的合作。

2015年，海拉在法兰克福国际车展上的一场重要的营销活动中分享了他们的做法：

今年我们的参展口号是"有意义"。我们认为，互联车辆需要额外的感官，如触觉、嗅觉和视觉，以便将车辆整合到"移动单元"的数字网络中……

（我们）将为互联车辆提供（人类）感官，使其能够与环境进行协调和互动……这就是创新技术如何让我们的生活更轻松。

与当初烟雾缭绕的乙炔灯相比，我们已经走过很长一段路，但其中的联系依然清晰可见。

模式创新——重新思考商业模式

有时，组织需要考虑的创新不仅仅是它们所做的事情——产品、市场、流程——还包括它们是谁。潜在的商业模式是什么？创新如何在市场中创造价值？这种变革发生的频率较低，却是颠覆性创新的强大来源，因为企业家往往只有通过重新思考商业模式才能获得立足之地。想想优步（Uber）、爱彼迎（AirBnB）或低成本航空公司——它们都在没有改变产品或流程的核心技术的情况下，给行业带来了革命。它们重新思考了企业的运营方式。

模式创新——借用希腊语中的"世界观"一词——对海拉这样的组织很重要，因为技术、社会和市场环境中的许多外部变化可能意味着它们需要改变原先使它们受益的核心商业模式。例如，制造业出现了一种强大的、不断增长的"服务化"趋势——围绕核心产品包装服务，并与购买（或更多情况下是租用）整体服务的客户建立长期关系。罗尔斯－罗伊斯和通用电气等飞机发动机制造商现在向客户提供"按小时计费"的服务，而卡特彼勒（Caterpillar）等设备制造商正在基于类似的模式重建业务，即客户按设备提供的可用小时数付费。这迫使制造商在推广其核心价值主张的同时，重新考虑其产品设计、支持和维护服务。⊖

另一种模式创新是向"开放式创新"的转变。创新就是从创意中创造价值。因此，对企业来说，进行各种各样的研发投入、建立自己的知识库的方式是有意义的。但是，在这个知识涌现的世界里——我们不知道确切的数字，但估计每年全世界在研发上的花费高达 160 亿欧元——游戏规则正在改变。即使是最大的组织也必须认识到，"不是所有的聪明人都为我们工作"。一旦意识到这一点，一切都改变了。知识的流动和交易开始成为创新的引擎，思想能够更自由地流动。⊖

这种想法由来已久。几个世纪以来，它一直是创新的核心。2003 年，

⊖ Osterwalder and Pigneur（2010）and Afuah（2003）.
⊖ Chesbrough（2003）and Reichwald, Huff, and Moeslein（2013）.

美国教授亨利·切萨布鲁夫（Henry Chesbrough）发表了一篇具有影响力的文章，并出版了一本书，提出了"开放式创新"（Open Innovation）的概念，描述了在这个交易知识比拥有知识更加重要的世界里进行学习和工作时所面临的挑战。宝洁公司是这一概念的早期探索者之一，这个概念改变了它们长达150年的创新模式，即以研发为基础的知识生产和开发，转而采用了一种新的方法——"连接和开发"，这表明它们试图从公司外部获取一半的新想法。

开放式创新提供了一些有吸引力的机会。像海拉这样的组织不必独自承担所有艰苦的工作，而是可以利用他人的知识。在很多情况下，海拉的知识在核心业务中没有得到充分利用，但可以被其他企业有效地利用。这样做的挑战在于将想法转化为现实。我们如何在组织之外找到合作伙伴并与之合作？我们有哪些可以让其他人受益的知识？我们应该如何管理这些关系？

开放式创新无疑改变了过去20年的创新格局——但这并不是一个新想法。海拉在很长一段时间里一直在遵循这些原则，只是没有给它贴上"开放式创新"的标签。早在20世纪90年代，尤尔根·贝伦德就开始了网络化的战略布局，对外寻求战略联盟和合资企业，以便能够应对知识密集型经济的发展。

海拉对阿格莱亚（Aglaia）的收购就是一个很好的例子，这家公司在成立之初与海拉的核心业务汽车照明领域相距甚远。作为一家总部位于汉堡的小型初创公司，阿格莱亚致力于研发与人的移动相关的创新传感和计数技术——例如，在零售网点或繁忙的车站，它们的核心视觉和传感技术已经成为海拉目前所处竞争环境中的关键，无人驾驶汽车和其他创新都依赖于先进的传感工具和技术。自从被海拉于1998年收购阿格莱亚以来，阿格莱亚的规模急剧增长，现有超过250名员工，总部还搬到了柏林。阿格莱亚的重要性不仅在于其具有深厚的专业知识基础，还在于它的关系网将海拉与其他关键知识资源连接了起来。此外，这项业务还提供了一个不同的视角，通过收购，海拉可以探索新的领域——例如，阿格莱亚正在研究其他的移动解决方案，如公共交通铁路——这可能预示着与现有交通运输系统完全不同的发展前景。

探索一种新的创新景观

到目前为止，一切顺利。海拉在创新方面有着悠久而成功的历史，成功地从一家小型创业企业成长为一家全球性企业，在其所涉足的许多市场都处于领先地位。但它不能躺在过去的桂冠上休息——创新的一大挑战在于，目标会不断变化。

今天的创新环境比以往任何时候都更加充满了机遇与挑战。正如我们所看到的，"开放式创新"已成为一个关键主题，在一个充满了全新知识的世界中，我们需要新的创新方法和架构，使"开放式创新"发挥作用。

与此同时，用户在创新中的作用正变得越来越重要。用户对创新一直都很重要，但当下，技术的进步使我们能够从任何人那里获取想法，并且能够从这些想法中塑造、管理和传播具有重大影响力的创新。"众包"已经从少数人分享想法转变为实现创新的强大工具——包括为支持想法提供资金。在"众筹"时代，每个人都可以成为天使投资人，也可以成为创新者。

并非所有市场都是一样的——随着新兴市场的大幅增长，人们意识到有必要重新思考创新方法。由于其中许多市场——不仅仅是巴西和印度，还有非洲和拉丁美洲——人口数量庞大，但购买力相对较低，因此人们对"节俭创新"的兴趣越来越大。我们应该提供哪些足够好的解决方案，提供什么样的适合这些市场环境价值主张的产品和服务？而且，当像汽车这样复杂的产品可以以不到 3000 美元的价格设计、制造和销售时，这对那些现在变得更有价值意识的更成熟的市场来说又意味着什么？

也许，市场格局最显著的变化，是人们开始重新思考许多商业模式的基本假设，以及许多颠覆性的市场变化。低成本航空公司改变了短途飞行的理念，为数以百万计的新客户提供了飞行体验，其方式从根本上挑战了现有的竞争者。优步和爱彼迎等企业改变了传统行业，它们不曾购置一辆车或一处房产，相反，它们重新思考了潜在的商业模式。在模式创新中，需要重新审视社会、市场、政治、技术的趋势，看看哪些地方可以以新的方式创造价值。越来越多的年轻人不再对拥有汽车或房子等高成本资产感兴趣，这对基于租赁经济的商业模式意味着什么？技术变革使无人驾驶汽车成为可能，这对汽车行业意味着什么？是对现有市场的挑战，还是对新市场的开放？是否需要像苹果和谷歌这样的新进入者来创新商业模式，因为现有的参与者不能放弃旧模式？

我们可以继续列举当前创新环境的特点，但关键因素很清楚。企业需要认真思考它们应对这些变化的方法，适应这个环境，并准备好改变创新的战略和流程，从而继续生存和发展。

海拉过去是如何做到这一点的，现在又是如何面对当前挑战的，这将是本书下一部分的主题。但在那之前，有必要提醒我们自己创新是如何发生的，以及内部企业家在其中发挥的关键作用。

拓展资源

你可以在 www.innovation-portal.info 上找到许多有用的资源——案例研究、视频和音频，以及探索本章中讨论的一些主题的工具，特别是：

- 探索开放式创新的组织的案例研究——宝洁、乐高、阿迪达斯、

Threadless、Local Motors。
- 其他组织的案例显示了它们在4Ps空间的创新重点转移——马歇尔、3M、飞利浦、康宁。
- 视频解释了4Ps方法，以及在开放式创新背景下与"知识意大利面"（knowledge spaghetti）合作的挑战。

反思与问题

1. 选择一个组织，尝试开发一个能力图，突出它们的知识基础中的核心优势，以及它们在哪里和如何使用这些能力——以及在未来可能使用这些能力——通过创新创造价值。（你可以在 www.innovation-portal.info 上找到更多背景知识和工具框架）

2. 使用 4Ps 方法来构建创新空间的地图，以及如何在你选择的组织中探索创新空间。

3. 想象一个组织，探索它们用以创造价值的潜在商业模式。随着时间的推移，这种模式发生了怎样的变化？未来可能会发生怎样的变化？特别要思考以下几个问题：

- 你如何提供创造核心价值主张的不同方式？
- 你能否改变/扩大目标细分市场？
- 你可能会使用哪些新的/可替代的渠道来达到目标市场？你可能会利用哪些新技术？
- 你可能会与哪些新的合作伙伴建立联系，以改善价值交付的方式？
- 如何削减成本？
- 如何增加或改善收入来源？

04 我们是"冠军"

Riding the Innovation Wave:
Learning to Create Value from Ideas

在利普施塔特的里克斯贝克尔大街的拐角处,有一幢低矮的长形建筑,一面是巨大的广告海报。这看起来可能不是特别令人兴奋——但穿过一端的入口大门,你就会进入一个特殊的剧院。前方是一条半公里长的公路,一直延伸到远方。这种象征性的风景能够给你一种开车经过笔直的德国公路的感觉。熄灯后,魔法秀就开始了。借助巧妙的模拟,你可以想象自己驾驶着一辆 20 世纪 30 年代的大众、50 年代的迈巴赫或最新款的奥迪。更重要的是,你能生动地感受到前大灯有多重要,它影响着你的视野。你可以穿越不同的发展阶段,从过去微弱的黄色微光几乎只能照亮前面几米远(20 世纪 20 年代的技术),到如今激光般锋利的 LED 光束,几乎像在白天一样明亮。当下,你甚至可以开着全光束灯——得益于一种聪明的技术可以消除前灯对迎面而来的车辆造成的眩光。

欢迎来到海拉的光线频道(Lichtkanal)。这不仅仅是一场展示海拉照明技术奇迹的优秀营销秀——这是研发工作的关键部分。正如风洞为飞机设计师提供了关于新机身和机翼设计的重要信息一样,光线频道为海拉团队在新灯和照明技术方面的工作提供了有价值的反馈。

海拉一直致力于获取和管理知识。正如我们在"01 引言"中所探讨的,积累和部署知识库——技能——是创新战略的关键任务之一。这并不容易，成本也不菲——海拉在这方面投入了近10%的营业额，并且长期以来一直如此。但这确实是有回报的——过去在能力建设方面的投资，正是海拉如今脱颖而出的原因。

光有技能是不够的

技能只是这个故事的一部分——我们还需要从对创意的投资中创造价值的能力。创新能力是指建立组织架构、流程和政策，使组织能够做到这一点，并重复这一技巧。我们很容易把它简单地想象成组织架构图上的流程图或框架图——但事实上，它与人有关。人会影响将知识转化为价值的过程。组织架构和流程是有帮助的，但最终是人们的行为方式促使事情发生。

这就是"企业家"的作用——变革的推动者，实现创新的个人或团队。他们就好像炼金术士一样，在好的想法和利用想法创造价值的能力之间架起了一座桥梁，可以把废铁变成黄金。这不是魔法，而是一种能力和特征，一种包括看到可能性、实验、学习、探索和测试的行为模式——所有这些都是由激情和能量驱动的（图4-1）。

我们已经习惯了企业家的一种形象——勇于挑战世界、开创新事物的先锋英雄。史蒂夫·乔布斯、安妮塔·罗迪克、比尔·盖茨、埃隆·马斯克、杰夫·贝佐斯——这样的例子不胜枚举。但现实是，创新不是一个人的表演，它是一个团队游戏，大多数创新是通过多个参与者的努力发生的。苹果围绕史蒂夫·乔布斯编了一个很好的公关故事，但他们的成功在很大程度上要归功于其他人的技能和干劲，比如乔纳森·伊夫（Jonathan Ive），他帮助乔布斯实现了想法。皮克斯持续创新的声誉不是建立在一个孤独的天才身上，而是建立在创造性的团队合作文化上。像托马斯·爱迪生这样

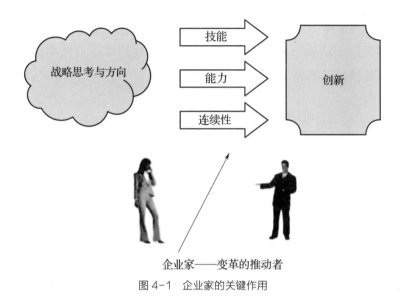

图 4-1　企业家的关键作用

伟大的创新者明白这一点——他的事业不是建立在他的天才之上，而是建立在他的发明工厂中精心组建和领导的团队之上。

创新是企业家所做的事——很多创新发生在日常生活中。在组织内部，是人在推动新想法的发展。他们推动、说服其他人参与这样的挑战，从而实现创新的想法。个别经理可能会被赋予一项关于创新的具体任务，但正如我们所知，这个过程不像一台简单的机器，按下"开始"按钮就会输出结果。相反，他们需要发挥自己的精力、想法、人脉、技能和创造力来推动创新这一具有挑战性的任务。[⊖]

我们有时会听到"内部企业家"（internal entrepreneurs/intrapreneurs）这个说法，但还有许多其他的标签也抓住了这一角色的本质。"促进者"（promoters）、"冠军"（champions）、"变革推动者"（change agents）、"守门人"（gatekeepers）——他们都是同一个概念的不同版本，都是推动创新

⊖　John Bessant and Joe Tidd（2015）.

的内部参与者。实现有效的变革有赖于这样的内部企业家精神——在本章中，我们将更深入地研究一些扮演这一角色的人，他们塑造了海拉的创新历史。

我们已经见过他们中的几位了——最开始的萨利·温德穆勒，奥斯卡·爱德华·霍柯，威廉·罗普克以及之后的几代人，赖因哈德·罗普克、尤尔根·贝伦德。他们的特征都是典型的企业家特征——精力充沛、热情、有远见卓识，愿意尝试和冒险。但海拉的成功并不仅仅是他们努力的结果；还来自于他们帮助创造的环境，在这个环境中，许多其他的内部企业家都能够做出贡献。尤尔根·贝伦德特别阐明的"企业家责任"原则是海拉创新DNA的核心——期望每个员工都将为创新故事做出贡献，领导层有责任创造他们所能创造的条件。

创新的里程碑

为了说明这是如何运作的，我们来回看一下海拉历史上的一些关键创新里程碑，并探索内部企业家——促进者/拥护者/变革推动者——发挥关键作用的方式。这些只是其中的一小部分，但它们有助于强调这种管理创新的方法的重要性：

➢ 将汽车电子产品植入海拉的 DNA
➢ 开创气候控制等新应用
➢ 照明前进之路——氙气，LED 和未来的产品
➢ 重新思考海拉生产系统
➢ 打造未来的创新引擎

这不仅关乎历史，今天我们依然可以看到同样的事情发生，现在的海拉，也有类似的"拥护者"正在朝着节俭创新、敏捷创新、颠覆性创新的方向发展。我们将在本书的下一节更深入地研究他们。

把汽车电子产品植入海拉的 DNA

海拉最初是做配件的，特别是灯具。但是从 20 世纪 60 年代开始，其他一些产品开始后来居上，这对公司的发展有巨大的意义。汽车电子设备发挥着日益重要的作用，有助于未来在配件中加入越来越多的智能控制系统。对于西门子或博世这样在电气领域有着悠久历史的公司来说，这自然而然地成了它们的拓展业务。但对海拉来说，这是一次向未知领域的进军，在多个方面都面临着挑战：学习一个新的技术领域的复杂性，找到合适的技术人员的难度，设计方法等领域的变化——这是一个全新的、完全不同的世界。

海拉进入这个市场并非偶然，而是战略决策的必然结果——这涉及我们在"01 引言"中谈到的能力建设。海拉的研发投入得到了回报。20 世纪 60 年代，汽车电子部门的规模很小，而现在，这项业务已经成为公司的重要基石，在海拉成为关键客户的首选合作伙伴中发挥的作用越来越大。海拉电子部门的定位不再是成为一个普通的供应商，而是成为技术领导者。海拉希望与了解电子产品的关键客户共同创造机会，并与半导体制造商等关键供应商合作，以确保其在技术曲线中的领先地位。

当然，汽车行业正在发生变化，但这种挑战一直推动着汽车行业探索全新的领域。位于硅谷的办公室如雨后春笋般涌现，这背后是有原因的——这种新的淘金热反映出电子产品已经变得十分重要。无论出行领域的解决方案如何变化，无论在未来是谁拥有或驾驶汽车，智能化的软件和硬件都是至关重要的。

这种理念历经50年才发展成熟，海拉目前的领军地位也表明了内部"拥护者"的重要性。在系统内工作的企业家，帮助企业从技术投入中创造价值。以卡尔·海因茨·克鲁肯（Karl-Heinz Krücken）为例：卡尔于1967年加入公司，具有精密仪器工程背景，他原本是一个小型概念探索小组的成员，专注于测量技术；之后，他成了一名塑料专家，精通吹制和其他成型技术；当海拉出售其塑料业务后，他开始从事特殊项目，在高级工程小组中从事早期电子产品的研究，比如速度调节器等。

还有几乎同时加入的弗里德里希·瓦尔德耶（Friedrich Waldeyer），他把自己的机械工程技能带到了团队中。

还有电子工程师克里斯蒂安·特罗维奇（Christian Trowitsch）。20世纪60年代末，他在早期职业生涯中专注于彩电设计和制造领域；20世纪80年代，他又在创建专业电子能力方面发挥了关键作用；到2002年退休前，他将其从一无所有发展到拥有180多名员工。

从眼罩到车身控制模块以及其他，这是一条漫长的道路

早在20世纪60年代，海拉就开始尝试简单的电子设备，并在1967年推出了一款眨眼转向指示器装置。但电子产品在很大程度上只是一个附加的零部件，当技术从独立、简单的集成电路转向水平越来越高的单芯片集成体时，事情出现了重大转变。随着1971年微处理器的发展，软件和可编程性的作用也越来越重要。

到20世纪80年代，汽车行业开始认识到电子技术的巨大潜力，并加快了电子技术的发展。电子产品被广泛应用，以提高汽车的舒适性、安全性以及实现清洁排放。电子诊断和整个机械部件系统的替换也成为可能。

所有这些发展创造了来自客户端的强劲需求，但也给海拉带来了巨大的挑战：它们需要仔细考虑向这一领域进行重大的战略性转移。

在1982年，海拉的产品基本上都是简单的电子产品——机电设备，如继电器、喇叭、用于风挡雨刷的水泵、真空泵和各种传感器，也有一些软件驱动的应用，特别是速度调节器。很明显，想要在这个行业的新浪潮中乘风破浪，海拉就需要扩大规模，集中精力拓展自己的能力。

向集成电子产品的转变导致了海拉劳动力的大幅扩张。但这不仅仅是在数量上的扩张，所涉及的工作技能和内容也发生了重大转变。这在设计领域表现得尤为明显，有着悠久传统的机械设计正在被电子和电路设计所取代。软件也越来越重要。每一个新产品都至少需要两个能够同时开发硬件和软件的开发人员。但一开始，人才队伍并不稳定——拥有这些技能的年轻工程师只有15~20人，外部劳动力市场已经空无一人。因此，海拉别无选择，只能从大学和技术学院直接招聘，从头开始培训年轻人——这是一种"自我成长"的理念。即使在那时，海拉也在与西门子和博世等公司竞争，这些公司可以提供更有吸引力的工作待遇，而且拥有完善的招聘流程。

海拉不仅需要为这些年轻人找到工作的空间，还要思考他们的工作方式。事实上，组织架构有助于实现统一的开发过程，并且能够快速有效地连接不同的职能。空间和设施的缺乏意味着他们必须紧密地合作，可以快速、轻松地分享想法和信息。洛克希德在美国著名的臭鼬工厂就是一个很好的例子，在那里，大量突破性的创新从一个小团队中涌现出来，他们最初被安置在一个旧的马戏团帐篷里，因为主厂房没有空间容纳他们。㊀

快速开发新产品的能力来自于各个方面。特别是严重的技能短缺迫使新员工同时学习硬件和软件——不像在更大的组织中，这些功能可以被单

㊀ Rich and Janos（1994）.

独管理。年轻人别无选择，只能学习如何为他们正在设计的新电路中的微处理器编程。他们必须使用机器代码工作，而在更大的公司（如西门子或博世），员工可以在个人电脑上运行高级语言，然后将软件传输到硬件上。海拉的方法意味着开发是并行的，而不是连续的。在早期，它们就已经植入了这样的系统思维。

例如，工程师在了解发动机的同时，也会学习喷油器的软件。或者，那些从事气候控制的工程师不仅要了解编程方面的知识，还要对交付这些程序的整个硬件系统有一定的了解。这有助于迅速地将客户的需求和愿望落地。这种需求导向型的方法，很快成了海拉强大的创新优势。

另一个问题与设计技能和技术的转变有关。海拉是计算机辅助设计（CAD）的早期使用者，但这方面的大多数系统都是围绕机械设计的需求发展起来的。随着电子技术的发展，海拉需要新的方法。由于客户使用不同的系统，这一转变变得很复杂，因此像海拉这样的供应商必须学会使用多种不同的方法，这增加了本已稀缺的技能和设备的负担。

设计上的转变有两个组成部分——人员方面和硬件方面。

在人员方面出现了明显的不平衡。多数年纪较大的设计师都是在绘图板的陪伴下长大的，他们不喜欢或者不愿意做出改变。当时，大约有一半的设计师已经超过50岁，所以要让他们接受新技术是一个重大的挑战。从大学和学院招聘新员工可以作为解决方案的一部分，但重要的是让他们了解海拉的背景。幸运的是，有足够多经验丰富的设计师前辈可以充当他们的教练。

在硬件方面，IBM系统非常昂贵，当时公司的IT预算有限。于是，只有当团队有足够的资金购买新工作站时，新的工作场所才能逐步建立起来。有一段时间，设计团队甚至轮班工作，以最大化这项投资，但这在大型项目的执行中产生了问题，轮班之间的切换提高了发生错误的可能性。渐渐地，这种方法证明了自己的价值，尤其是它所带来的速度和灵活性。

还有技术上的限制。CAD 系统的某些元素不太适合海拉的电子设备。IBM 的机器特别适合高复杂性的集成电路设计布局，但海拉更关心的是机械和电子设计的连接。试图让系统以新的方式工作带来了大问题，增加了延迟和错误，迫使人们寻找替代解决方案。海拉再一次被迫适应这种情况，并寻找新的方法来解决问题。在这个过程中，继续培养高度专业化的能力。

一种专用集成电路 ASICS 开始变得越来越重要。其中第一个应用是转向灯（转向指示器），在这方面，海拉已经积累了经验，它采用的方法是设计自己的定制掩模和电路。在越来越重要的知识产权保护领域，这样做起到了帮助，因为它将知识产权迁移到了硬件上，这就不容易进行逆向工程了。在竞争激烈的洛佩兹时代，这成了一个重要的优势。

这种硬件方法的一个问题是，它将设计提前锁定在 20 周或更久，因此不可能进行更改，而这减少了新产品开发的自由度。但客户通常希望在最后一刻进行调整，而这些调整除非通过复杂的变通办法否则很难实施。为了适应这一点，海拉采用了基于软件的数字化方法，提升了系统的灵活性，获得了调整所需的时间。

这种方法，在本质上是采用一个平台——挑选一个处理器系列，然后开发标准训练、例程库、标准化模块等，从而提高灵活性和速度。（这是"平台思维"的早期实践，我们将在"09 创新的平台思维"中探讨这一话题）

另一项重要投入是结构化编程技术的早期采用。最初，这是由一个外部教练引入的，他花了大量的时间进行培训，支持海拉获得这样的能力。两年之后，这成了海拉的标准做法，并带来了软件质量更高、开发速度更快的优势。

1985 年，在软件的全面质量管理方面，为了确保错误能够被识别并且不再被重复，海拉通过协议、检查表和标准化等方法，提升了软件开发能力，并将其系统化。

但仍然存在一个基本的能力问题——需求的增长意味着海拉无法找到足够多的工程师来推动电子浪潮。通过人脉关系，海拉与专门从事软件工作的奥林匹亚集团的一个子公司恩科（ENKO）建立了联系。该公司开始以合同形式为海拉工作（特别是提供测试能力），并提供了二三十名员工支持主流电子产品的开发和日益增长的未来发展业务。几年后，海拉接管了该公司的多数股权，最终使其成为海拉的全资子公司 Hella Engineering，拥有约 60 名专业员工。

在进入该市场的初期，海拉的另一个优势是其主要客户都没有自主发展电子设备的能力（除了大众）。这使得海拉可以将其自制的解决方案变成行业标准，并获得了值得信赖的电子产品首选优质供应商的声誉。

在这个阶段，另外一个突出的问题不在于电子产品本身，而在于它们之间的连接电缆。随着汽车和电子系统变得更加复杂，应用更加广泛，电缆的问题也变得突出起来。解决方案在于 BUS 的理念——使用软件对沿着单一通道传输的不同信息包进行编码和解码。

作为一个称职的技术合作伙伴，海拉建立了强大的声誉，在此基础上，越来越多的主要客户邀请海拉共同探索想法——例如，在底盘电子设备上使用 BUS 方法。海拉的系统技能，包括硬件和软件，以及它与半导体制造商和其他关键供应商的密切联系，使其依靠技术优势在合作伙伴中获得了强大的地位。

从 20 世纪 80 年代的起步时开始，海拉就在电子领域占据了优势地位。到 20 世纪 90 年代中期，每天有超过 180 万个电子模块从海拉的生产线上下线。表 4-1 展示了海拉电子创新的时间轴，从中可以找到海拉电子快速发展的一些关键线索。

表 4-1 海拉电子创新的时间轴

年份	创新
1965	第一个指示闪光装置
1969	清洗擦拭间隔控制器
1973	安全带警告系统
1976	灯泡监控系统
1976	电动-气动调速器
1980	世界上第一台动态油位传感器
1982	座位记忆控制系统
1984	首个电子气候控制系统
1988	第一个摩托车 ABS 控制系统
1989	为奥迪制造的第一个驱动滑移控制系统
1997	通过电线集成驱动踏板传感器的驱动器

在麦肯锡公司与达姆施塔特大学（University of Darmstadt）合作进行的一项大型国际标杆企业研究中，海拉的整体表现在 57 家德国电子供应商中排第 14 位。

创新模式创新——"变革"

从技术的角度来看，进展令人印象深刻，但从创新管理的角度来看，变化的加速已经开始产生问题。十多年来，海拉在电子产品领域建立起来的模式，本质上与初创企业类似。快速增长、凭借大量运气，以及由于必须找到资源短缺的创造性解决方案而带来的一些意想不到的好处——这本质上还是一种创业方式，忽上忽下、忽左忽右，最终以某种方式实现了增长。这非常激动人心，总体上是成功的，不过在制度和结构方面有所欠缺。

正如我们在"02　海拉的创新历史"中看到的，一项研究发现，公司大部分的价值由一小部分项目创造。在被研究调查的大约 4000 种产品中：

- 95 种产品贡献了约 80% 的营业额,占用了 34% 的研发成本。
- 305 种产品贡献了 15% 的营业额,占用了 35% 的研发成本。
- 3100 种产品贡献了 5% 的营业额,占用了 31% 的研发成本。

这引发了一项重大变革计划——"Die Änderung"——包括一项全面改革,旨在引入与明确的市场战略相关联的组合方法,实现更紧密的功能整合,并简化产品开发流程。在此之前,有一些小的"帝国",每个"帝国"都独立工作,互相之间只有松散的联系——例如,不少于九位副总经理负责不同的领域,造成设计、规划和制造部门高度分离。在"Die Änderung"(变革)发生之前,这些部门的运作是完全不同的。正如一位受访者解释的那样,"过去,制造部门只听命行事,从来得不到反馈,也无法给出反馈。同样,没有设计师知道他的设计对价格的影响,他们没有成本意识,既不知道零部件成本,也不知道最终售价。研发部门从不和生产部门打交道,那是被禁止的"。

不可避免地,这意味着资源低效利用和重复性工作的风险。这种"变革"使不同的部门更紧密地联系在一起——例如,在生产的同时进行设备的测量和测试。1996 年,海拉建立了明确的投资组合管理,勇于选择项目并进行资源分配。海拉还采用了产品管理(Product Management,PM)的方法,任命了七名产品经理,这些产品经理获得大客户经理的支持,并向他们汇报所有主要产品组合。

18 个月后,已经可以清楚地看到新的系统正在产生影响,卡尔·海因茨·克鲁肯在 1998 年 1 月接受公司报纸采访时表达了这一观点。通过采用产品管理的方法,团队能够专注于更有发展前景的产品线,内部工厂的概念则有助于集中所有必要的资源和知识,以实现产品的交付。以"总体规划"为例,新旧系统之间存在很大区别:在旧体制下,新产品的不同组件(照明组件或电子组件)在不同的地方生产;而在新体制下,它们都在同一个地方生产。另一个很大的不同是与客户的关系，在新体制下，主要采用的是大客户管理（Key Account Management，KAM）的方法。产品管理和大客户管理简化了决策，不再需要分散到各个级别和职能部门了。

这个转变并非是一夜之间就完成的。从一开始各个职能部门互相独立，到逐渐演变成一个包含投资组合管理、产品经理和项目管理的整合体，探索这个行之有效的全面创新模式花了三年的时间。重要的是，这一转变——以及前几年的成功增长和能力积累——是由瓦尔德耶、克鲁肯和特罗维奇等内部"拥护者"领导的。虽然麦肯锡公司提供了一些有益的想法和模板，高级管理层提供了全面的支持，但使电子部门成为公司未来二十年增长基础的强大平台，在很大程度上要归功于他们和其他内部企业家的努力。

气候控制

现在，坐在任何一辆新车里，你都能受益于汽车气候控制系统带来的舒适体验。无论是在东欧的寒冬中保持温暖，还是在法国南部的夏季高速公路上加速时保持凉爽，气候控制已经成为人们所期待的标准功能。实现这一功能不仅仅是在乘客的腿上裹上地毯或把窗户开着那么简单——它是由传感器、执行器和机械部件构成的复杂组合。

但情况并非一直如此——首先将这项技术引入豪华车，然后在成本和工程设计方面进行开发，使其进入大众市场，这是海拉的首创。

关于车内气候控制（而不是简单的加热器）的想法始于 1979~1980 年，来源于加热器系统水侧的一个水阀。当时，海拉的一个大客户一直在与法国公司 Sofica Thermal（法雷奥集团的下属公司）合作，并且建议它们与海拉合作，由 Sofica 负责热能部分，海拉负责电子部分。海拉可以在 Sofica 的气候和风洞设施中进行测试。

实验效果显著，海拉开发了属于自己的水基加热器控制概念，并在1982年与一个大客户进行了测试。从1984年到1986年，海拉与另一个生产高性能豪华汽车的客户开展了大量的合作，有效地推动了气候控制技术的发展。

这种方法的特点是"探索和学习"的原型。现在，这种方法在"敏捷创新"和"精益创业"的讨论中很常见。弗里德里希·瓦尔德耶和卡尔·海因茨·克鲁肯试验了各种方法，不仅考虑了技术问题，还从视觉、触觉、听觉等角度考虑了舒适度的问题。由于缺乏测试设施，他们需要边做边学，甚至在自己身上做实验。同时从生理学和心理学的角度考虑影响汽车舒适度的因素，有助于他们从用户而非技术人员的角度来理解天气条件等因素的影响，从而更好地设计硬件和软件。

1987年，海拉的全新设计大大降低了成本，提高了质量。早期型号的市场反响热烈，促使海拉在1989年为此开发了一种新系统，该系统将排气热交换器上的蝶阀和空气侧控制的空调相结合，全部由一个专门开发的控制器控制。凭借这一点，他们从小批量的豪华汽车市场转向了大批量的市场。

与此同时，位于沃尔夫斯堡的大众汽车公司开始开发一种新的供暖系统，并于1989~1991年推出。作为大众汽车公司采购总监伊格纳西奥·洛佩兹压低价格行动的一部分，气候和加热控制系统的应用得到了推广，这样做既分摊了成本，又在更多的车辆上推广了该应用。通过一系列密集的研讨会，海拉探索了降低成本的所有方法——价值工程。例如，主要强调使用专用集成电路来减少组件的数量，提高它们的质量和可靠性，从而降低了某些车型的气候控制成本。

所有这一切的结果是，海拉以具有竞争力的价格提供气候控制和内舱舒适度的选择，打开了潜在的大众市场。随着在这一领域地位的加强，海拉有必要建立一个专门的业务线。于是，1999年，海拉与另一家专业公司贝尔合作，创建了 BHTC——贝尔 - 海拉温控（Behr-Hella Thermocontrol），这已成为海拉集团的一项关键业务。

从早期试验到现在的盈利，这项业务花了海拉 20 年的时间。这绝不是一个简单的"即插即用"型产品开发，相反，它涵盖了多个战略要素，尤其是在电子领域的深厚能力。这意味着海拉在传感器和执行器以及后来的专用集成电路方面拥有核心专业知识，从而降低了成本并实现了概念模块化。海拉在电子和机械方面也很有经验，擅长系统开发而不是单纯的组件。

这项能力在市场中也得到了认可。海拉证明了自己是一个可靠的和有能力的合作伙伴，与海拉一起试验新想法是安全的。海拉在慕尼黑的宝马工厂有一个完整的团队，与宝马的工程师一起工作，这个例子表明了海拉的优势地位。

满足豪华汽车市场苛刻需求的策略也意味着，海拉在为更广泛的下游市场获取经验教训和工程应用方面处于有利地位。与此同时，与大众和洛佩兹的合作经历迫使它们在早期就开始想办法控制成本，结果便是，海拉最终拥有了"最好的产品"和"最好的价格"。

氙气灯——另一个开拓的例子

气候控制只是一个产品领域的例子，它受益于海拉的深度技术能力，也受益于内部的"拥护者"将这些知识应用于创新。类似的模式也可以在核心照明领域找到，海拉在前照灯技术领域已经领先了几十年。氙气灯就是一个很好的例子。

1988 年，海拉加入欧盟 EUREKA 计划下的一个研究项目，与合作伙伴合作开发一种基于加压气体放电灯的新型前大灯系统，该系统提供极短的弧度，且寿命长，性能高，适用于车辆应用。"VEDILIS"项目是一个为期四年的项目，有来自欧洲各地对照明感兴趣的主要合作伙伴—— GE 照明（英国）、Carello（意大利）、飞利浦（荷兰）、Valeo（法国）和来自德国的欧司朗、博世和海拉。

该项目包含三个阶段：确定研究领域和开发原型，在应用领域进行探索和实地测试，最后扩大规模和标准化。飞利浦是埃因霍温（Eindhoven）的主要合作伙伴，他们已经有了灯的原型，拥有坚实的技术基础。博世和海拉很早就认为氙气灯在汽车照明方面具有应用前景，并同意交流想法和经验以推进这一概念。

在内部，这个项目为海拉的照明技术和电子领域之间的紧密合作提供了机会。由于放电灯技术要求快速控制高速加载和放电循环，于是需要思考电子部件是从外部购买（例如从博世购买）还是自己设计的问题。在一位来自法兰克福的放电灯专家的帮助下，他们决定以合同的形式合作，开发属于自己的放电灯。这位放电灯专家在电影制片厂弧光灯设计方面有着丰富的经验，他与两名在彩色电视机高压电子领域有着丰富经验的海拉工程师一起工作，成为这个小团队的核心，后来又加入了两名设计师。但与博世二十多人的团队相比，这只是一个小团队。

在开发原型的早期，必须克服许多技术问题，尤其是工作原理方面的挑战。高伏电压必须快速（在毫秒内）而精准地开启和关闭，这种持续的开关对电极会造成相当大的损耗，因此，灯泡的寿命很难达到预期的3000小时的目标。为了解决这个问题，他们需要一个测试设备，以便可以试验改变不同的参数，并让灯泡运行足够长的时间，以证明其可靠性。

海拉决定安装自己的测试设备，并把其设在项目团队旁边，围绕如何控制这种新技术进行探索学习。

在客户方面，一家主要的制造商很早就决定要在他们的车辆上安装氙气灯，并在一个模型的三个测试版本上都安装了原型，一个在电子组，两个在前灯组。这些都被允许作为原型车在开放的道路上行驶。

不幸的是，1989~1990年的冬天，德国北部特别寒冷，连续下雪。很快，人们就发现这些灯无法在低温条件下工作。低温意味着雪不会在玻璃上融化，于是，他们在大灯上使用了挡风玻璃垫圈。这在斯堪的纳维亚是必需的。

道路测试中出现的另一个问题是前大灯的调平。因为车灯的敏感性，即使是小的坑洼和路面问题也会影响其光束，这就要求调平系统反应必须非常快，而"正常的"自动调平系统则不起作用。更糟糕的是，在崎岖的道路上行驶时，灯具本身会因为无法保持弧度而自动关闭，在重新启动时会有一段黑暗的延迟时间。

这些都不是无法克服的问题，早期的原型设计——用今天的行话来说，就是使用"最小可行产品"——意味着团队可以迅速集中精力解决关键问题。他们从整个合作网络中汲取了广泛的专业知识。例如，大量的测试表明，海拉使用的共振点火系统运行50个小时之后会出现熄灯问题。参考飞利浦的经验，这应该是开关电路磨损电极造成的，于是海拉改用了另一种开关方法。在早期，知识的自由流动是该项目的一个关键特征，也是"开放式创新"的早期例子。

像其他开发中的项目一样，一个问题解决了，焦点又会被转移到其他地方。不同系统之间的转换在生产制造中也会产生问题。曾经有一个涉及真空铸造的关键操作被分包给了一家专业的制造商，该制造商在彩电行业有丰富的类似经验。这也是开放式创新的例子——从外部引入关键知识。

1990年，日本TDK公司研发出一种可以很容易安装到灯具上的开关，并解决了灯具的寿命问题，这是一个关键性的突破。海拉公司采购了大量这样的开关进行评估，测试表明它们确实有效。到底是购买这样一个关键组件，还是开发自己的版本？重重压力之下，海拉团队努力工作，在短短三个月内推出了自己的版本，并最终取得了成功。这是一个重大的突破，因此控制单元可以包含在集成电路组件中，但也再次挑战了生产方，他们必须在生产过程中加入另一套新技术。

这些故事说明，"开放式创新"是一种有效地在研发早期通过合作创造知识的方法，不过，选择合适的时机和拥有关键业务知识也是十分重要的。在与客户进行快速学习和原型开发的过程中，需要特别关注关键领域，以及根据吸取的教训来调整开发工作。在这种模式中，另一个经常与初创企业联系在一起的短语是"快速失败"，既肯定了过去的努力，又调整了未来的方向，为创新提供了强大的动力。故事的圆满结局是，海拉率先推出了氙气灯，并因此获得了强大的市场地位。

氙气灯的发展，也体现了海拉的创新特征。在这个过程中，海拉系统性地发展了照明技术，并在早期进行了实验和原型开发，这使它们在随后的几年里率先应用了发光二极管（LED）系统。这项系统最初的探索始于20世纪70年代，到1982年，海拉已经成为第一家将LED刹车灯系统作为客户量产车型标准配置的欧洲制造商。LED的应用范围很快从刹车灯扩展到指示灯，最终扩展到前大灯本身。

重新思考海拉生产系统

汽车工业的流程创新历史悠久，可以追溯到亨利·福特和他的工程师团队开创大规模生产方法的时代。这种生产方式自诞生以来就成了一种主导模式，不仅适用于汽车生产，而且适用于几乎所有东西的批量生产。

然而，在20世纪80年代，在一项名为"汽车的未来"的强大研究项目的推动下，汽车行业经历了一场思想革命。这项研究被认为是对汽车行业创新的一次重大回顾，考察了产品和工艺的变化以及最佳实践，并得到了所有主要汽车制造商的资助。这项研究的一个重要特征是大学联盟（由麻省理工学院领导）所发挥的作用，联盟允许每个制造商公开分享他们的想法和做法，并确保他们都将从汇总和匿名的行业发展图景中受益。

产品创新的故事生动地展示了美国早期产品多样化浪潮的领导模式。早期是围绕福特T型车及其后续产品的集中和标准化，随后转向产品差异化，通过设计服务不同细分市场需求的车型实现差异化，欧洲制造商提供了与特定区域需求相关的各种设计。

但真正令人震惊的是，在对全球68家装配厂的生产率进行系统研究后，这些数据揭示了不同汽车厂在流程创新上的巨大差异：

> 我们的发现令人大开眼界。日本工厂只需要美国豪华汽车厂一半的努力，欧洲最好的汽车厂一半的努力，欧洲一般汽车厂四分之一的努力，欧洲最差的豪华汽车厂六分之一的努力。与此同时，日本工厂的质量水平大大超过了除一家欧洲工厂外的所有其他工厂——而这家欧洲工厂组装一款同类产品所需的人力是日本工厂的四倍……[一]

不用说，这促使非日本制造商疯狂探索，试图找出并快速采用日本制造商正在使用的方法。于是，人们围绕自动化进行了各种各样的假设，在这个方向上投入了大量资金，最终发现奥秘在于日本汽车工业在二战后几十年间被迫采用的一种方法。由于资源短缺、国内市场小、熟练劳动力缺乏，他们需要寻找一种方法来减少浪费，这种方法强调生产的底层组织和管理。研究人员将这种生产哲学命名为"精益生产"，这个名字一直沿用至今。它涉及多种技术，包括员工参与持续的增量创新（kaizen），基于拉力而非推力的"即时"生产理念，特别是消除所有非增值活动，使价值流顺畅流动的想法。

到了20世纪90年代，所有的汽车制造商都面临着与日本生产力水平

[一] Womack, Jones and Roos（1991）。

相匹配的巨大压力,除了他们自己努力实现"精益"外,同时开始呼吁经销商也要在成本、质量和交付性能等方面进行大幅改进。

带头的是伊格纳西奥·洛佩兹,他当时是通用汽车和后来的大众汽车公司的采购总监。对他来说,这变成了一场近乎宗教般狂热的个人征战——引用他的一句话来揭示他对"精益"的热爱:"世界处于战争之中……汽车工业的战斗是最后的斗争……如果我们失去了它,我们将成为二等国家的二等公民!"

在担任通用汽车欧洲采购主管期间,他的做法有些激进,比如撕毁长期合同,结束亲密的合作伙伴关系,要求越来越低的价格、稳步提高质量、加快交货速度等。与此同时,他还制定了精益生产原则,并推动供应商采纳这些原则。他的做法为通用欧洲公司节省了数百万美元,使欧宝(Opel)成为该公司在欧洲成本最低的供应商。1991年,他被召唤到底特律,对美国母公司的网络采取了同样的方法。到1992年,他削减了11亿美元的采购费用,并计划在1993年节省高达24亿美元的采购费用。

随后,他离开通用加入了大众汽车公司,相信可以在削减同样水平的成本的同时,提高供应商30%左右的生产率。

他的核心理念是,价格不再由生产成本决定。相反,生产成本必须根据客户能够接受的价格进行调整。在确定了一个价格之后,他会向供应商收取一笔保证金——"因为显然他们必须盈利"——剩下的就是生产成本加上汽车公司自己的利润。这通常意味着降价20%~30%。

他的说辞表明了他的强硬立场:"我不想再听到价格已经跌得太厉害,你们没有利润了……我们必须改变自己的态度,不要再找借口。相反,创造力产生于行动中,产生于不断改进的过程中。"但这不仅仅是对供应商采取强硬态度的问题,他还提出通过采用精益原则来帮助他们改进。在欧宝工作时,他已经组建了团队来做这件事,如今这些团队已经遍布大众汽车公司的供应商基地。这些"Picos"（与供应商共同优化采购投入）团队背后的理念是随着时间的推移而逐渐形成的，产生了重大的影响。在对与他们合作的40家供应商进行的一项研究中，在生产率、交货时间、库存和所需生产空间等方面的平均改进情况如下所示（表4-2）。

表4-2 全行业通过新方法实现的关键性能改进

生产率	+42%
交货时间	-49%
库存	-57%
所需生产空间	-30%

这给海拉带来了新的问题。首先，当洛佩兹加入大众汽车公司的时候，他们突然发现自己站在了风口上，因为大众汽车公司是海拉重要的合作伙伴。其次，海拉的规模相对较小，这意味着它很难通过规模经济或向其他成本更低的工厂扩张来降低成本。因此，海拉迫切地需要改变——而且要迅速改变。正如尤尔根·贝伦德所说，这是一个简单的问题——生存还是毁灭！

它们采取了第一步行动，不仅以其他汽车零部件供应商为基准，还以更广泛的电子产品供应商为基准。这种做法是有启发意义的——这是一次全面而深入的研究，旨在了解最佳实践是什么，以及它们与实现最佳实践的具体差距。这迫使它们对装配和相关的机械制造方法进行了重大反思。它们从日本引进专业技术，开始了变革之旅，这一变革首先传遍了它们所有的德国工厂，然后又传到了它们的外国工厂。

1991年4月，海拉举行了一系列的讨论，为重新思考它们的生产系统设定了目标，在接下来的一年里，它们举行了一系列的管理研讨会和车间研讨会，并探索了"精益"的一些试点应用。

气候控制设备领域的一个试点项目表明,实现显著的节约是可能的(表4-3)。

表4-3 海拉生产活动的性能改进

所需劳动力投入	-27%
装配时间	-30%
在制品库存	-99%
空间要求	-82%
吞吐量时间	-99%

到1992年底,海拉已经开发出了一套适合自己的精益方法。到了1995年,它们吸收并整合了关键原则,形成了后来的海拉生产系统(Hella Production System,HPS),并模仿了强大的丰田生产系统模式。HPS是一种由核心原则支持的企业哲学:

- 零缺陷
- 高效的产品发布
- 供应链受控
- 持续改进和标准化
- 支持和挑战员工

该系统通过一套30多种经过验证的方法和50种工具——如5S、看板、价值工程、防错系统(poke yoke)和价值流分析等——来实现。在这些领域实施HPS的责任由一个指导小组监督,并由五个关键领域的战略团队领导执行。

整个系统与当时大多数的精益方法相似。不过,这是一个专属于海拉的生产系统,其强大之处在于它是内部开发和配置的,而不是从外部直接导入的。其成功之处在于它得到了广泛的应用,不仅受到了外部正面临危机挑战的劳动力的支持,也受到了内部支持的激励。在这个过程中,"企业家责任"原则发挥了重要作用,有一个指标是员工建议数量从1993年的1300条急剧增加到1997年的13000条。

在2006年和2010年,这个系统得到了进一步的改进。开发和实施HPS使海拉公司不仅度过了艰难的洛佩兹年,而且成了一家具有竞争力的制造商,具备了世界一流的精益绩效水平,正在发展成为世界顶级公司。

到1997年,这些变革(不仅仅是HPS,还有围绕标准化工作、在全球推广模块化系统的基础上开发灵活的自动化方法,修订制造/采购战略和其他创新)取得了成效,海拉走出了危机,重新开始盈利。

我们再一次看到了潜在的模式。在强大的外部威胁下,高层提出了主要的战略方向,并谨慎采用了来自外部的专家建议,由卡尔·海因茨·克鲁肯和托马斯·内特沙伊德(Thomas Netterscheid)这样的内部企业家推动了变革。托马斯·内特沙伊德早在20世纪60年代末就加入了海拉,从那时起一直是一个小型的专注于流程创新的团队的一员。重新思考生产系统的成功很大程度上得益于强大的团队精神。他们的工作主要是边做边学,在那些已被证明的解决方案的基础上,创造属于海拉自己的版本,并找到自己的路线(例如使用专业自动化)来解决问题。

创造未来的创新引擎

当然,企业需要创新才能生存。除非它们改变自己的产品(产品/服务)和创造、交付这些产品的方式(流程创新),否则它们可能不会长期存在。历史证明了这一点,而海拉这样的公司也深知创新的必要性。但创新需要的不仅仅是战略意愿,企业需要做些什么来实现创新。正如我们所看到的,这涉及知识能力的建设,以及将知识转化为价值的创新管理能力。

几十年来,海拉一直坚定地进行研发上的投入,但它仍然需要面对资源分配的挑战。一个有用的方法是分三个阶段进行思考,如果研发是在展望未来,那么它可能有助于形成探索未来的框架(图4-2)。⊖

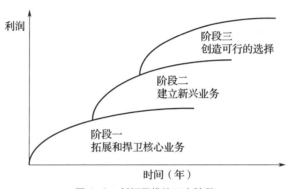

图4-2 创新思维的三个阶段

阶段一:通常从现在开始到18个月后,在很大程度上需要研发支持,以确保产品和服务的优势得以保持。它关注的是渐进性创新以及一些核心战略项目的进展,这些项目将在此期间取得成果。在许多方面,这是一种"收获"型投资,打个比方,这就好像作物已经播种和培育,投资是为了确保获得丰收。

阶段二:通常为12~36个月,需要看得更远。打个比方,这些都是潜在新业务的萌芽,这些幼苗需要精心照料。这个阶段的挑战是将研发目标锁定在那些成熟后能够拥有前景和增长潜力的领域。

阶段三:通常为24~72个月,是在未来创造新的机会。需要观察技术和市场趋势,并试图发现那些潜在的重要机会,然后进行谨慎的投资,为未来奠定基础,如同农业中准备土壤一样。

当然,这些都是简单的框架,但它们确实表明,研发战略需要在不同

⊖ McKinsey Consultants, in Bahghai, Coley and White (1999).

阶段之间取得平衡，并找到方法，确保从一个阶段产生的东西能很好地进展到下一个阶段。海拉需要为快速发展的业务制订一个长期规划。

早在1967年，海拉就开始思考如何提升第三个阶段的创造能力。当时，它们建立了一个小型的"未来发展"（Zukunftsentwicklung，ZE）团队。埃伯哈德·扎克曼特尔（Eberhard Zuckmantel）是最初的成员之一，他与团队一起经历了不同的时期，直到2001年退休。最初，ZE被视为一个独立的团队，更多的是一种组织模式，而不是配合主流产品的开发（本质上是第一阶段和第二阶段的活动）。

1966年10月，《法兰克福汇报》（*Frankfurter Allgemeine Zeitung*）刊登了一则广告，呼吁工程师扮演三种角色——团队领导者、设计师和计算工程师——致力于帮助公司扩大业务。（有趣的是，公司的名字被故意删掉了。）ZE团队就此成立，由扎克曼特尔、卡尔·海因茨·克鲁肯和另一位同事组成，他们于1967年1月1日开始工作。

在初始阶段，这个团队的人数在3~5人之间波动，他们从事的是基于电子和塑料的混合项目。1974年，塑料业务逐渐成为主流。ZE专注于电子和电气开发，为该领域的不断进步提供了宝贵的支持并指明了方向，特别是在20世纪80年代初海拉进入新的技术领域时。

20世纪90年代，随着电子产品开发部门的重大重组，人们重新思考了ZE的角色。海拉扩大了该部门，并更明确地将其定位为致力于第二个阶段和第三个阶段的未来小组，通过重新部署现有的开发人员，该小组的人数增长到15人。

加速创新电子产品

21世纪初，日益增长的研发投入促成了新的重点产品的推出，电子产品已经成为照明部门的主要推动力。在麦肯锡公司的影响下，海拉变得更加注重市场导向，这使得负责新产品开发的高级工程领域有了显著增长。2012 年，来自博世的新经理迈克尔·耶格尔（Michael Jaeger）加入海拉，成为电子部门执行董事会的成员。他曾经在博世负责产品开放。在海拉，他的职责是领导整个部门创新管理能力的发展。

他审查了各项活动，在董事会层面探讨了如何平衡需要消耗大部分研发支出的第一个阶段与更长期的探索。他们与外部顾问合作，提出了一个新的预期成果结构，该结构将重新平衡这些活动，不仅为第一个阶段的工作指明了重点，而且为更广泛和长期的探索制定了路径和流程。新结构吸取了 20 世纪 90 年代缺少探索重点的经验教训，该方法相当重视终端用户的应用，以及技术趋势与这些新兴需求融合的可能性。

研究技术和市场趋势的研讨会帮助海拉确定了几个关键战略领域——例如，先进的汽车安全、电动移动和绿色技术。这些领域被称为海拉重点领域（HFAs），代表可以进行第二个和第三个阶段探索的战略优先领域。到 2014 年，海拉已经对其中几个领域进行了系统的探索，特别是这四个领域：

- 汽车的通道
- 路况检测与车道保持
- 车辆能源管理
- 降低能源消耗

在这些领域，海拉的能力和知识库很好地契合了终端用户的需求，并确定了一系列的"灯塔项目"。

团队需要在这些项目上花费一些时间，与第一个阶段的主流活动并行开展。

其核心思想不是对未来趋势的随机探索，而是确定明确的路线图来指导开发工作。就创新过程而言，这一未来路线图有助于增加探索前沿领域的机会，利于进一步构思、开发和实施战略部署。

在对预期成果结构的反思中，其他几个方面也被联系在一起，包括通过某种形式的创新竞赛，探索以更开放的方式挖掘内部创业精神的方法。在一家提供合作平台（Venture Spirit）的专业咨询公司的支持下，海拉启动了推动电子创新（Driving E-novation）项目。

该项目围绕海拉的一些关键重点领域，涉及一些额外的创意能力。最初，项目想法来自以下几个方面：

- 自动驾驶和安全性
- 易用性
- 通信
- 效率

正如最初的公告所示：

> Driving E-novation 是海拉电子部门内部的一项在线商业竞赛，通过全球和跨职能合作来激发创新文化和企业家精神，同时寻找新的创新机会。

"06 动员企业家参与"中对此有更广泛的讨论。

2015 年，海拉进一步探索了如何应对日益不确定的未来的挑战，并建立了一项新的业务——海拉风险投资公司。其职责是探索该领域内潜在的颠覆性创新和机会。（我们将在"11 处理不连续性"中更详细地讨论这一主题）

这些活动可以看作是追溯海拉在 50 年前想要投入资源和能力探索未来的最初决定。

拓展资源

你可以在 www.innovation-portal.info 上找到许多有用的资源——案例研究、视频和音频，以及探索本章中讨论的一些主题的工具，特别是：

- 臭鼬工厂方法的案例研究。
- 使用在线协作平台促进创新的组织的案例研究——Liberty Global、汉莎系统。
- 与本章提出的核心主题相关的工具和活动。

反思与问题

1. 选择一个你熟悉的组织，试着找出一些内部创新者——变革的拥护者。他们帮助实现了哪些创新，在这一过程中他们又面临了哪些挑战？

2. 想想内部创新——一个企业家使变革发生。他们在试图推动一个大型组织内部的变革时可能会遇到什么挑战，他们可能需要什么策略来迎接这些挑战？

3. 借鉴内部企业家实现变革的例子，你会给那些有机会在一家大型组织中担任变革拥护者的人什么建议？

05 保持动力

Riding the Innovation Wave:
Learning to Create Value from Ideas

管理创新就是要让变革的脉搏在公司的血液中不断跳动。当萨利·温德穆勒第一次看到新的汽车业务中出现的机会时,他是一位典型的企业家——寻找资源,建立网络,不断尝试,接受偶尔的失败,并逐渐按照想法创建一家企业——就这样,海拉诞生了。

但创业并不是企业发展的最佳模式。为了满足越来越多客户的需求,需要强调流程创新——建立一个可靠的工厂来持续交付产品。随着市场的不断增长和新客户的不断增多,对新产品开发更系统的方法的要求也越来越高。要跟上日新月异的技术发展步伐,就需要投资创造新知识,并与可以获得新知识的地方(如大学和技术中心)建立联系。因此,公司通过多样化的创新方式增强自己的能力,并逐渐发展壮大。

任何组织都需要动态能力,即更新和扩展其应对创新挑战的方式的能力。随着组织的发展壮大,面对日益复杂的环境,海拉需要发展新的能力,在多个方向上创新,并在"做得更好"(渐进性创新)和"做得不同"(突破性创新)之间取得平衡。

这就是海拉的故事——通过驾驭创新浪潮发展成功的业务,与其他企业合作进行产品创新,开发日益复杂的技术,并围绕关键领域建设能力。与此同时,海拉一直都非常注重质量和流程创新,通过精益原则实现卓越运营，提高物流能力和物联网水平；注重定位创新，通过接近发达国家和新兴市场的不同客户群体，并在这些国家设立机构，为当地需求提供有价值的见解，在多样化的市场中日益活跃；注重商业模式创新，通过重新思考和扩展海拉的内涵，探索可能锻炼其能力的新兴行业，并在开始探索颠覆性机遇时重新思考其角色。

支撑这种"创新模式创新"（innovation model innovation）的是一个核心的战略性价值观——"企业家责任"。这是将不同创新模式结合在一起的黏合剂，它融合了自上而下的方向、对创新的承诺与自下而上的想法、推动变革的能量和热情。

从外部来看，海拉有着令人印象深刻的历史，在其产品和工艺方面有许多里程碑式的创新，并不断有新的发展。这得益于海拉对创新的一贯承诺，以及寻找新的方法来推动这一过程向前发展（图5-1）。

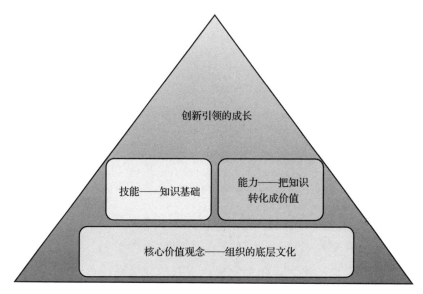

图 5-1　创新驱动增长的关键组成部分

到目前为止,一切顺利……

创新的问题在于一切处于变化之中,市场在变化,技术在进步,竞争会出现。因此,除非一个组织能够不断地适应环境并做出改变,否则它就有失去动力的风险——即使它有强大的创新历史。想想柯达吧,它是 20 世纪的"典型代表"之一,从乔治·伊士曼的初创公司成长为世界上最大的胶片公司。然而后来它日渐衰落,只能在印刷等领域努力发展新的业务。这不是一个愚蠢的企业错过了一个重要的新技术浪潮的案例——它是最早进入数字媒体新世界的企业。世界上第一批专利、第一部数码相机——所有的产品都来自柯达的研发系统。问题出在它的创新方式上——即如何将这些深刻的知识转化为价值。柯达的失败,部分是因为它高度依赖过去的商业模式,部分是因为它无法在放弃过去优势的同时在新领域实现增长。⊖

IBM 也是如此。这是另一家有着深厚的技术能力和丰富的市场知识基础的全球企业。同样,它的问题不在于它知道什么,而在于它如何将这些知识转化为价值——惯例及能力。面对日益增长的去中心化计算和网络趋势,该公司固执地坚持大型机中心化的模式,并沿着这一轨迹进行创新——这几乎导致了业务的断崖式下跌。IBM 的变革,需要从全新的视角出发,并进行大幅度的转型,例如今天非常成功的服务和解决方案业务。⊜

这其中的核心是"动态能力"问题。这是一种二级能力,它允许一个组织审查、适应和改变其创新惯例。⊜过去那些实现创新的方式仍然是有用的,但它们可能需要调整——有时需要创建全新的惯例。能力建设是一个缓慢的过程——是试错、强化和完善的混合体。这样形成的能力也很难被

⊖ Joe Tidd and John Bessant(2014).
⊜ Garr(2000).
⊜ Teece,Pisano and Shuen(1997).

遗弃。许多分析人士认为，宝丽来的衰落更多的是由于其无法改变自己的套路，以创新的方式利用新的数字媒体，而不是缺乏技术专长。[1]

因此，要在创新浪潮中站稳脚跟、乘风破浪而不是被淘汰，关键问题是如何保持创新能力的新鲜感和相关性。这正是海拉作为一家业务遍布全球、与关键客户和供应商有着强大联系网络的公司，在今天所面临的考验。

海拉在创新管理方面做得如何？

海拉在创新管理方面做得如何？答案应该是"足够好"，因为这家公司在100多年的历史中生存下来并得以发展壮大。长期以来，该公司一直传递着创新的信念，并通过投资来支持这一点，一直将接近10%的营业额再投资于研发。在其日益全球化的劳动力中，约有五分之一的员工参与了新产品、新流程和新服务的开发，并在关键战略技术领域搭建了网络。

但这些都是投入方面的措施，证明了海拉对创新的承诺和在该领域进行战略投资的意愿。真正的问题在于创新管理能力——它们能在多大程度上建立知识库并成功地将其转化为价值？

创新研究告诉我们，这种能力不是单一的东西，而是深深嵌入组织流程和组织方针的一系列行为。它包括组织应对寻找机会、选择、实施和获取价值等挑战的方式，还包括战略方向和发展支持性创新文化等问题。

图5-2提供了一个简单的模型，突出了这些问题领域。[2]

从这些核心问题入手，看看海拉如何处理。表5-1提供了一个简短的总结。

---

[1] Tripsas and Gavetti（2000）.
[2] Joe Tidd and John Bessant（2013）.

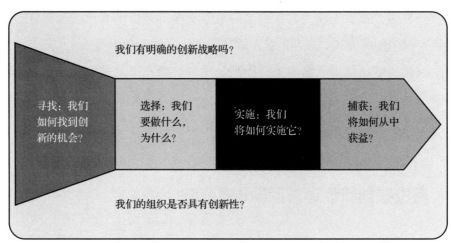

图 5-2　创新管理能力的简单模型

表 5-1　海拉在创新管理方面做得如何？

核心领域	海拉的表现
1. 寻找机会	
我们与供应商的关系很好，我们从他们那里得到源源不断的创意	与半导体公司等关键技术供应商建立了密切联系
我们善于了解客户/最终用户的需求	自 1996 年重组以来，产品管理模式意味着与主要汽车制造商的联系更加紧密。在产品开发规划的早期阶段，人们越来越重视精心设计使用案例的理念上，并将这种理解融入其中
我们与大学和其他研究中心合作良好，帮助我们发展知识	与德国主要企业建立了密切联系，但可能在更广泛的层面还不够完善
我们的员工参与提出改进建议或流程	"企业家责任"原则意味着积极寻求创意。除了正式的产品和工艺开发之外，还有一些渠道——例如，自 20 世纪 90 年代以来，海拉一直以不同形式运行的持续改进计划，或者在产品开发中越来越多地使用创意竞赛，现在正转向流程改进
我们以结构化的方式（使用预测工具和技术）展望未来，想象未来的威胁和机会	自 20 世纪 60 年代以来，我们一直致力于探索未来的潜在可能，并部署了工具和方法
我们系统地将产品和工艺与其他公司进行比较	海拉利用基准测试和其他形式的研究成果，并已经做了一段时间——例如，20 世纪 90 年代麦肯锡达姆施塔特大学的研究

（续）

核心领域	海拉的表现
我们与其他公司合作开发新产品或新工艺	海拉的成功很大程度上要追溯到20世纪90年代，以及战略网络背后的理念——建立合作和联盟，以便能够提供越来越多的知识密集型产品
我们努力建立能帮助我们的外部人际网络——比如，掌握专业知识的人	外部网络和专家顾问参与的多个例子
我们与主要用户密切合作，开发创新的新产品和服务	最近战略的一个关键主题是与那些苛刻的客户合作，比如那些制造豪华和高性能汽车的客户，满足他们的需求，并将这些产品推广到大众细分市场，创造更大批量的产量
2. 选择创新项目	
我们有一个明确的创新项目选择制度，每个人都了解提案的游戏规则	最初，在1996年的重组中引入了一个清晰和系统的流程，现在这个流程已经确立为一种充实投资组合和通过不同阶段来控制进展的方式
当一个人有了一个好主意，他知道如何把它推进下去	有越来越多的途径让员工的想法得以推进，例如，通过创新竞赛
我们有一套遴选系统，试图建立一个低风险和高风险项目的平衡组合	同样，自1996年以来，已经有了一个明确的产品/市场战略，并使用组合技术来推进其执行
我们专注于产品、流程、市场和商业模式的创新	海拉的历史主要是关于产品创新和工艺变化，这使得开发和生产成为可能。但也有这样的情况。相当可观的定位创新——首先是通过国际化和向邻近市场扩张，最近则是将海拉定位为战略技术合作伙伴，改变了主导叙事
我们在"做得更好"的创新项目和激进的"做得不同"方面的努力之间取得平衡	自1996年重组以来，一直试图确保创新领域之间的平衡，允许将部分精力花在"做得不同"的项目上。这个方向上的最新发展包括建立海拉风险投资公司，为海拉在当前领域的边缘进行系统探索提供结构和框架
我们认识到需要"跳出框框"工作，也有一些机制来处理"非主流"但有趣的想法	这是一个越来越受关注的领域，已经探索了许多举措——包括开放式创意竞赛和海拉创投
我们有企业风险投资的结构	海拉现在已开始在一个领域采取行动，即建立一个新的集团——海拉风险投资公司——来发挥这一作用。详见"10 开放创新网络"和"11 处理不连续性"

(续)

核心领域	海拉的表现
3. 实施创新	
有清晰易懂的正式流程,帮助我们有效地管理新产品开发,从创意到上市	建立于20世纪90年代,现在提供了强有力的控制框架;主要的担忧是,这种过程的结构可能会抑制某些类型的创新,这就是为什么最近采取了寻找并行方法的行动
我们的创新项目通常在预算内按时完成	这是海拉在市场上越来越成功的基础
我们有有效的机制来管理从想法转变到成功实施	从早期开始,海拉就建立了并行处理能力,以支持新产品的开发和引进,并保持着强大的工艺创新传统。这种战略能力的例子包括海拉生产系统的开发、自动化战略以及当前围绕"工业4.0"概念的先进和智能自动化的探索
我们有适当的机制,以确保所有部门都能尽早参与新产品/工艺的开发	自20世纪90年代初以来(当时有一项重新组织产品开发的重大举措),相当多的注意力被用于确保各职能领域之间的密切参与和跨学科的早期参与。平台项目工作进一步加强了这种紧密的协作模式
在我们的产品开发系统中有足够的灵活性,允许小型的"快速通道"项目发生	对挑战的认识促使人们围绕"敏捷"创新以及这种方法何时何地会有所帮助进行重点探索
我们推动创新的项目团队包括来自公司所有相关部门的人员	增加跨职能部门的参与,特别是围绕平台项目。这在很大程度上要归功于20世纪90年代的早期重组,为这种合作设定了模式
我们从一开始就让所有具备相关知识的人参与进来	这种方法借鉴了20世纪90年代的经验教训,现在扩展到提高整个公司的"开放式创新"水平
4. 创新策略	
公司里的人都很清楚创新如何帮助我们竞争	海拉的内部沟通重现了其作为技术领导者的外部信息,创新是其DNA的核心
我们实施的创新项目与企业的整体战略之间有着明确的联系	定期的沟通有助于聚焦这一主题,并将在研发方面的高投资与明确的业务目标联系起来
我们有适当的流程来审查新的技术或市场发展,以及它们对公司战略的意义	作为年度战略评估的一部分,定期进行正式审查,并在i-Circle作为更广泛的实践社区进行讨论
有最高管理层对创新的承诺和支持	该公司的长期实力,从许多关键项目得到顶级赞助的事实可以清楚地看出

（续）

核心领域	海拉的表现
我们的高层团队对公司如何通过创新发展有着共同的愿景	在董事会层面和通过 i-Circle 定期讨论创新问题，并保持明确的一致性
我们以结构化的方式（使用预测工具和技术）展望未来，想象未来的威胁和机会	海拉自20世纪60年代以来就有了未来扫描业务，并利用内部和外部资源开发了广泛的能力，以创建使用案例和未来趋势信息来指导创新
组织里的人知道我们的独特能力是什么——是什么给了我们竞争优势	海拉在照明产品和关键设备（如 lichtkanna）方面的深度竞争力得到了高度认可，在电子产品方面，海拉作为智能传感器和执行器供应商的地位日益推动着市场地位的提升
我们的创新战略被清晰地传达，因此每个人都知道改进的目标	有一个针对关键业绩指标的定期正式审查程序，这为创新战略的讨论和探索提供了焦点
5. 创新的组织和文化	
我们的组织结构不会扼杀创新，而是促进创新	通常情况下是这样的，并且有定期的审查和修订以确保这一点能够实现。特别要说的是，为创新提供平行路径是有帮助的
跨部门的员工能很好地合作	随着向系统和平台产品的转变，这一点越来越有必要，但自20世纪90年代从碎片化和功能化的方式转变以来，情况就一直如此
公司致力于人才的培训和发展	这是海拉成立之初的一个核心原则，比如在20世纪80年代招聘和培训电子专家，密切参与建立区域技术学校
人们参与提出改进产品或过程的想法	长期持续改善计划（例如 LION）近年亦辅以在线活动，例如 Driving E-novation
我们的结构帮助我们迅速做出决定	尽管对某些流程的速度存在担忧，但目前正在进行一项重大审查，以简化这些流程，使其能够快速运作，同时还提供了协调大型全球组织活动的结构
沟通是有效的，自上而下、自下而上和跨组织都有效	人们不断试图将现在的一个大型国际组织联系起来。这主要集中在基于网络的工具上，但也有现实的，比如各实践社区之间的定期会议
我们的奖励和服务系统支持创新	有些公司试图扩大和发展非经济激励，并吸引员工参与——例如，在在线创意活动中使用一种分支方法
我们有一个支持新想法的氛围——人们不需要离开组织来实现这些想法	人们普遍支持创新，并认识到公司致力于创新，同时也在进行投资。这不仅体现在研发支出上，还体现在"敏捷"、海拉风险投资和持续改进重新启动等不同举措上
我们团队合作得很好	从海拉早期的电子业务开始，人们就认识到跨学科整合团队的价值，这些团队为推动创新提供了核心模式

(续)

核心领域	海拉的表现
6.学习并建立创新能力	
我们会花时间审查我们的项目，以提升下次的表现	通过项目后审查和其他手段来总结经验教训，以改进创新方法。一个例子就是现在在车身控制和客户模块中采用的平台策略，其中许多早期项目的经验教训被用于设计方法
我们从错误中吸取教训	越来越多的人认识到，需要开发更灵活的方法，允许"智能失败"，更系统地审查和改进创新过程流程
我们系统地将我们的产品和工艺与其他公司进行比较	基准测试和产品比较是确保竞争力的有力工具，在整个组织中广泛使用
我们与其他公司会面并分享经验，以帮助我们学习	人们越来越认识到这种"开放式创新"交流的价值，以及传统汽车行业之外的联系发展。i-Circle 模式提供了一个这样的平台，诺基亚（Nokia）、空客（Airbus）、汉莎航空（Lufthansa）和西门子（Siemens）等不同公司的经验可以共享
我们善于捕捉我们所学到的知识，以便组织中的其他人可以利用它	越来越多的项目得到试点，然后通过讲习班和其他机制分享经验，以传播知识和分享良好做法
我们通过衡量来帮助确定可以在哪些方面改进我们的创新管理	公司定期审查其创新活动，并采取了许多有针对性的举措，旨在提高敏捷性、参与性等
我们从周边学习——超越组织和地理边界	尽管存在与汽车行业联系过于紧密的风险，但海拉在寻找并与"该领域之外的企业"结成有价值的知识联盟方面有着良好的记录。最近的是在硅谷的海拉风险投资业务，专门用于创建新的联系和网络
鼓励实验	在关键领域，越来越多地使用"敏捷"和原型方法来支持在研发方面的强大投资。海拉风投等新模式扩展了这种实验和探索能力

扩展创新能力

因此，海拉具有较强的创新适应能力。但正如我们在书的开头所看到的，有时这还不够。组织不仅需要管理创新的能力，还需要一个二级能力，让它们能够后退一步，重新审视自己的方法。它们可能需要强调一些活动，减少甚至取消其他活动，并且添加新的方法。简而言之，它们需要"创新模式创新"的能力。

下面的问题可能与这种能力有关。在多大程度上，海拉处理"搜索"问题的方式是正确的？

- 采用"探索和学习"的方法来探索技术和市场的新方向
- 建立跨行业的联系，提供不同的视角
- 有引入新鲜观点的机制——例如，从行业外招聘
- 经常使用正式的工具和技术来帮助"跳出框框"思考

创新战略方法如何？

- 管理层制定"延伸目标"，为创新提供方向，但不提供路线
- 积极探索未来，利用情景和预见等工具和技术
- 在战略思考过程中，有能力挑战当前的位置，思考"如何摧毁业务！"
- 有战略决策和项目选择机制，可以处理主流之外更激进的建议
- 不怕"蚕食"已经做的事情，为新的选择腾出空间

在实施创新方面能做到什么程度？

- 有替代和并行的机制来实施和发展激进的创新项目，这些项目位于"正常"的规则和程序之外
- 有管理不适合当前业务的想法的机制，例如将其授权或剥离出去
- 利用模拟、快速原型工具等来探索不同的选择，并推迟部分决定
- 有战略决策和项目选择机制，可以处理主流之外更激进的建议
- 系统有足够的灵活性，允许小型"快速轨道"（fast track）项目发生

创新组织有多真实？

- 允许人们有一些空间和时间去探索"狂野的"想法
- 有识别和鼓励"内部创业精神"的机制——如果员工有一个好主意，他们不必离开公司去实现它
- 分配了特定的资源来探索当前工作的边缘选项——不会让每个人都投入100%的精力
- 看重那些准备打破规则的人
- 让每个人都高度参与创新过程
- 同伴压力创造了一种积极的紧张气氛，营造了一种创新的氛围
- 鼓励实验

在建立有效的外部网络和联系方面做得如何？

- 与外部知识来源有着广泛的联系，如大学、研究中心、专门机构等，即使不是针对特定项目
- 利用技术变得更加敏捷，迅速地发现和应对新出现的威胁和机遇
- 有"警报"系统，将新趋势的早期预警反馈到战略决策过程中
- 实行"开放式创新"，搭建丰富而广泛的联系网络，不断获得具有挑战性的想法
- 供应商管理方法对战略联盟持开放态度
- 与长期的研究和技术社区有积极的联系，可以列出各种各样的联系人

建立反思能力

要回答这些问题，就要回答海拉如何学习和发展创新能力的问题。成功的组织不仅认识到创新的重要性，它们也明白需要创建创新可能发生的

环境。它们还认识到，需要退后一步，反思和审查自己的能力，并加以干预，从而进一步发展这些能力。因此，一个关键问题是，像海拉这样的公司如何管理这个战略反思过程。

当然，解决这一问题的部分办法是始终由参与型领导发挥作用，明确方向，更重要的是，强化支撑公司的核心价值观。企业责任和外部网络战略这样的主题都很好地提醒了这一点。但是，如何才能持续关注并定期审查创新能力呢？

与创新的对话

海拉开始创造这种动态能力的一种方式，就是在全公司范围内加强对创新的讨论。自 2014 年以来，海拉一直在尝试进行持续的反思，关注关键的挑战，海拉可以或者应该做什么，其他组织在做什么，整个组织可以共享什么？这些问题是每两月一次的聚会的基础，来自海拉整个组织的高级管理人员在"i-Circle"论坛上进行公开而坦率的探讨，探索企业的创新管理。来自海拉内部以及来自愿意分享的外部个人和组织都会进行演讲，大家互相分享经验、互相支持，以开发新的和改进的创新能力。

创新过程中的挑战前沿

在本书的以下部分中，我们将探讨一些核心主题，这些主题代表了在当前环境下任何试图管理创新的组织所面临的关键挑战领域。我们将探讨海拉如何适应和扩展其创新管理能力，以应对这些变化。

应对这些挑战需要新的创新方式。不是要取代已有的行之有效的常规做法，而是要向新的方向扩展这些能力，探索更多丰富的创新空间。特别需要关注的是：

- 新的动力——今天的创新世界越来越强调共同创造，与许多不同的互动参与者和用户合作。这更加强调原型设计和"探索和学习"的方法，将失败作为计划试验的一部分，并将其视为快速学习的机会。
- 新的角色——除了主流之外，它还需要创新阶段的新角色。开放式创新需要经纪人、桥梁、看门人和让知识流动的方式。在许多新兴市场和技术正在开放的不确定环境下工作，需要更高水平的创业思维和行为。这不仅关乎人们开始新的创业，还关乎一种与之相关的思维方式，即保持灵活、寻找新的人脉、准备好尝试、承担风险并将失败视为学习过程的一部分。
- 新的结构和操作程序——让创新发生在这个新的空间。不确定的环境需要能够快速行动并进行试验的灵活结构。

聪明和成功的大型组织意识到它们需要不止一种创新方法来应对这一挑战。在复杂的环境中，它们尝试用多个平行创新模式来匹配各种各样的外在环境——这不是"一刀切"的情况。

例如，在 i-Circle 最近一次关于诺基亚方法的讨论中，创新经理法比安·施拉格（Fabian Schlage）解释说，在他的公司内部有一个以研发为主导的核心产品创新流程。此外，还有一个以用户为中心的团队，通过合作创造带来了新颖的见解。通过开放的创新网络进行广泛的合作和学习。员工可以成为企业家，通过全球创新商城（Global Innovation Mall）贡献他们的想法，并在这些想法的基础上推进。全球创新商城是一个全球平台，每天有数百个想法在此流动。它支持新的风险投资、公司分拆、分拆和并入、风险投资和创业管理结构。甚至还有一个小组被授权寻找颠覆诺基亚当前业务的方法——不是要摧毁，而是作为一项保险政策，以确保他们有能力应对任何激进的新变革浪潮。

好消息是，海拉在这种创新模式创新方面有着良好的记录。通过拓展与新世界的联系（开放式创新），以及在新的市场中探索利用核心知识的新方式，海拉得以发展壮大。它正试图通过投资新的先进工程结构（并学习如何利用这种结构开展工作）和与内部企业家合作等方法，扩展其业务范围。像"推动电子创新"这样的计划已经开始调动内部创意和企业家，现在又有了进一步创建颠覆性创新能力的举措。

贯穿这一切的是需要协调许多截然不同的创新方法。这个问题有时被称为"二元性"，即同时以不同模式开展工作的能力。对此的一个比喻是"创新乐团"的概念。与其试图用几种乐器演奏创新交响曲，我们需要把许多不同的乐器组合在一起，每一种乐器都采用不同的方法，演奏曲调的不同部分。但我们也需要确保和谐一致，这并非易事，却是创新成功的关键。

拓展资源

你可以在 www.innovation-portal.info 上找到许多有用的资源——案例研究、视频和音频，以及探索本章中讨论的一些主题的工具，特别是：

- 围绕创新管理（创新适应性测试）和处理不连续创新的框架问题。
- 视频讲解创新的核心流程模型。
- 针对创新审计框架的组织案例研究——3M、Electroco、花王、康宁、康乐保（Coloplast）和天蓝（Cerulean）。

反思与问题

1. 选择一个你熟悉的组织,使用创新适应性测试框架来评估它们管理创新的能力。

2. 做同样的事情,但使用非连续性创新审计框架来探索它们对破坏性外部变化的准备情况。

3. 创新是一个不断变化的目标——地平线上总有来自不同方向的新挑战。在你所选择的组织的前沿(技术、市场、竞争对手、监管等)绘制一幅威胁和机遇的地图,这可能需要新的方法来组织和管理创新。

06

Riding the Innovation Wave:
Learning to Create Value from Ideas

动员企业家参与

揭开任何组织的面纱，你都会发现一群潜在的企业家。他们对新产品、新服务、新流程、新商业模式等各种有趣的可能性都有自己的想法。他们相对于外部创业者有一个显著的优势，那就是他们对公司有详细的了解。他们知道谁拥有哪些特定的知识，他们对客户有深入的了解，他们知道需要谁来完成工作。换句话说，他们是推动新项目向前发展的完美团队。

但事实并非如此。对于大多数组织来说，未能将潜力完全开发会令人沮丧，对于这些员工中的许多人来说，看到正式的创新战略得到实施，却错过了他们认为可以带来改变的想法，同样令人沮丧。有时这种挫败感会蔓延开来，开始影响他们的日常工作，使他们产生不满情绪——在极端的情况下，他们会放弃工作，离开公司去另谋出路。

内部创业的潜力没有得到充分发挥的原因有很多。例如，在员工方面，他们常常对风险感到不安——不像初创企业，他们不一定准备把一切都押在创业上——他们可能有家庭和其他责任，可能他们还处在职业生涯的早期，他们可能对独自创业会感到不舒服。另外还有一个激励问题——为什么要自找麻烦？在初创企业中，把赌注压在创业上的好处是有机会产生真正的影响，并为所有不眠之夜和忧心忡忡的日子带来回报。但在发展到一定阶段的企业中，最好的希望可能是加薪，而最坏的情况则是被扼杀，眼看着自己的想法无疾而终，或者被别人捷足先登。

还有技能上的问题——梦想成为一名企业家是一回事，但很明显，拥有一个好主意并不等于就能够通过它获得成功。这是一门手艺，许多想成为企业家的人会因为缺乏技能而放弃。撰写商业计划，获得资金和资源，向玩世不恭的高级经理推销想法——这不一定是件容易的事。

在组织方面也存在一些很大的障碍。首先是战略上的挑战。从本质上讲，创业活动是在寻找差距，利用差距，推动组织朝着自己没有计划过的方向前进。这就造成了一种紧张的氛围——这种紧张可能是健康的，但往往有扼杀创意的风险。

此外，还有资源分配方面的挑战。简单地说，希望创意凭空冒出来是不现实的——人们需要有能力这样做。按照定义，如果他们把时间花在新想法上，他们就不会把时间花在他们应该做的项目上。即使他们的想法值得探索，也会花费更多的资源——开发技术，探索市场，测试概念。因此，必须以某种方式找到额外的资源，或者分享现有的预算。

因此，组织和个人都要与令人沮丧的挑战搏斗，并达成某种可行的妥协。在大多数情况下，人们从事他们能够从中获得报酬的创新活动，在既定的战略框架内以不同的方式做出贡献。但与此同时，还有一个灰色地带，他们被邀请去推动自己的想法——他们贡献了一些额外的精力，也许是加班，也许是在日常工作的间隙留出一点时间。如图 6-1 所示。

但如果组织试图创造更多的空间和激励呢？如果他们认识到尚未开发的潜力，并努力实现它——并在新想法出现时加以采纳呢？"内部创业"是一个古老的主题，但仍然是一个挑战——现在有一些强大的新工具可以帮助实现这一目标，特别是在大型组织中使用线上/线下混合方法。

让我们忽略很少人参与的影响力较低的项目，为什么要自找麻烦呢？

象限 2 的参与人数相对较少，影响较大。这通常是研发团队的典型位

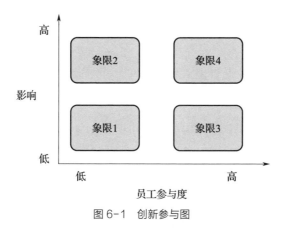

图 6-1 创新参与图

置,他们的任务是创造未来。他们致力于此,并期望偶尔进行突破性创新。好消息是,我们已经学到了很多关于如何组织这一群体、如何为他们配备工具和技术、如何最大化他们的贡献(例如,"13 展望未来"中关于敏捷创新)的知识。

象限3有很多人参与,但影响很小。这是正式动员的持续改进活动。这主要是"做我们做的事,但做得更好"的高参与度的创新,专注于明确的战略目标,本质上是渐进性创新。这也是我们在创新管理方面取得了很多进展的地方——学习如何推动和支持员工将创新作为他们日常工作生活的一部分。[一]

这一点很重要,虽然每个创新想法可能很简单,影响也相对较小,但累积起来的效果可能是显著的。丰田公司之所以能成为世界上生产率最高的汽车制造商,并非源于某些专业技术或设备,而是源于数十年来持续对员工进行渐进性改进的动员。[二]海拉在艰难的"洛佩兹时代"的经历也表明了这种持续改进的力量,当时海拉面对着关键客户要求降低成本和提高

[一] Gundling(2000), Iyer and Davenport(2008)。
[二] Bessant(2003), Imai(1997), Boer, Berger, Chapman and Gertsen(1999), Schroeder and Robinson(2004)。

性能的真正挑战。（我们将在"07　持续改进的挑战"中更详细地讨论这一主题）

有趣的是象限4。有很多人参与其中，寻找激进的、意想不到的、具有更高影响的创新。如何在组织中瞄准并实现这一点？如何从持续低影响的创新转向建立一些更激进的想法？换句话说，如何激发内部创业精神，让人们在主流之外想出好主意，并能够发展和实现这些想法？

实现高参与度的内部创业

如果我们要开展这样的活动，必须明确一些设计参数。首先，必须认识到我们需要一个完整的创新过程——不仅仅是动员另一个建议方案，而是能够实现从想法到价值创造现实的整个过程。

为此，我们需要一个至少包含三个关键要素的流程：

1. 构思——寻找想法
2. 选择——选择支持哪一个想法
3. 执行——让它们从创意落地并创造价值

图6-2给出了一个例子。

图6-2　创新流程的简化模型

我们已经知道如何在象限2中做到这一点——专家跟踪创新游戏中的"专业人员"，如研发、生产工程或系统开发。对于持续改进，我们有一个类似的、更简单的模型——高参与度的渐进性创新的周期比较短，涵盖发现问题、产生解决问题的想法、从中选择一个想法、实施这个想法、回顾重复整个过程。

那么高参与度的创业区域呢？我们如何为象限3建立一个模型呢？很明显，我们需要一个系统的方法——而不仅仅是表面上的一次性行为，否则我们可能不被重视。我们需要复制整个创新过程，而不仅仅是前端的构想。我们怎么做呢？一个很好的起点是回顾其他领域的经验，并调整这些举措的要素。

构想——从前……

想象一下，你有一群员工，他们热情地接受你的挑战，并开始献计献策。你雇用了100个人，一周后，你的意见箱里装满了100个创意；不是所有的创意都很好，你需要时间来通读它们，并从中筛选出好的。其中一些好的创意需要更多的努力和投入才能实现。你也意识到有必要承认所有的创意，并告诉人们你将如何处理。所有这些都需要时间——所以在第二周结束的时候，你发现自己还在努力处理、选择、执行和报告第一批提议。但又有100个从盒子里出来，下周又有100个……这样到月底的时候，你就会淹没在各种创意中，无法做出回应，也无法做所有其他你应该做的事情，以保持业务的运行。创意管理已经成为你的全职工作。

员工变得焦躁不安——他们提出的所有想法，结果是什么？有些人开始认为不值得提出任何建议，因为没有人在听，对他们提出的美妙新倡议无所作为。

很快，创意的洪流就会变成涓涓细流——这让你的任务变得更容易管理，但实际上却反映出人们对整个过程的兴趣在减退。

哪里出了问题？

- 没有组织和管理想法的能力
- 没有进度反馈
- 没有进一步实施的明确路径
- 没有明确的选择标准——人们认为你只是支持玩玩的想法
- 没有透明度——黑箱问题
- 没有进一步实施的资源
- 没有对创意过程的管理，没有专门的资源
- 没有方向，是一种莽撞的方法

毫不奇怪，这种努力很可能会失败。这并不是因为领导层或员工缺乏对其原则的承诺，他们都看到了它的潜在价值。也不是因为缺乏创意——问题恰恰相反。之所以失败，是因为缺乏一种能够使之发生的体系。就像研发或业务开发的专门团队有一个途径和过程来使创意转化为价值一样，组织也需要一些东西来管理高参与度的创新。从本质上讲，这样做的渠道和机制不能是专门的专业轨道——它需要新的路线。

部分解决方案是采用简单的想法并快速形成闭环。对提出创意的人给予反馈支持，并允许他们实施这些创意。这样做有几个好处：速度快，人们能够得到反馈，感受到他们拥有自主权，可以影响和改变他们的工作场所。这种模式在持续创新项目中很有效，因为持续创新项目主要需要处理许多关于渐进性改进创新的建议。

如果我们能根据可实施性将它们快速地分类，那么对大量的创意进行管理是有用的。如果这些创意又小又简单，那就去做吧。这样做的结果是，我们可以得到大量的渐进性改进，这些改进可以快速实施——这基本上是

一个良好改善系统的基础。这样的系统仍然需要组织，但如果我们把问题的边界设定为需要简单、易于实施的创意，那么就可以获得高频率、短周期的创新。

当我们需要探索更大的创意时，这种模式就会被打破。这些创意具有更大的潜在影响，但可能需要其他资源来实施。需要时间，并且需要从不同的视角来审视创意。这些创意可能还需要不断地打磨、修改和完善。

地下活动

另一种方法是鼓励"盗版"和"低调实验"，从团队合作中获取想法，进行讨论，从中选择，进一步提炼，并且投入精力付诸实践。3M 就是一家以这种方式闻名的公司——它努力创造了一种"内部创业"的文化，在这种文化中，积极进取的员工可以超越他们的本职工作（经常超出他们的正常工作时间），并像初创企业一样运作。他们致力于实现自己的创意，解决问题，寻找资源，完善原型，加以测试，直到它足够强大，可以提交给公司，以获得可能的批准和进一步的支持。

3M 公司多年来一直在努力完善这个系统，创造了一个支持这些内部创业者的基础设施——例如，获得"风险融资"，如果最初的推介成功，有可能获得正式的时间和资源来进一步推进项目。它依靠的是挫折的激励、个人的新机会感知、自主权和内在动力，但它也受益于外部支持。Post It Notes 等巨大成功就是 3M 内部创业方法的结果。

这种模式与持续创新模式一样有效，但它们都是如图 6-1 中所示朝着高参与度、高创业创新的目标前进的基石。3M 路线所带来的挑战本质上是采取一种非正式的社会过程，并使其更广泛地使用。特别是：

- 让更多人参与
- 引入更多的跨职能视角,而不仅仅是"本地"团队
- 向更多社区展示想法,获得帮助,进一步塑造它
- 让更多人贡献能量和资源
- 提供管理和便利,以帮助实现这一目标

跳上平台……

第三种选择正在出现,它开始连接两个世界,而且重要的是,它提供了一个完整的创新体系,而不仅仅是创意。也就是使用了功能越来越完善的在线协作平台。

早在1714年,英国海军就面临着一个问题——他们不断丢失自己的舰艇。虽然他们能够建造和驾驶世界上最好的船只,并使用它们来保卫全球各地不断壮大的帝国,但他们无法在给定的时间点上准确地说出自己的位置。这让海军部的绅士们感到头疼,但更严重的是,无法导航会让船上的船长和船员面临各种危险。结果发生了许多悲剧性的事故,在一次事故中,整个船队在试图返回安全的普利茅斯港的途中触礁搁浅。

产生这种担忧的原因很简单。虽然准确地测量纬度是可能的,但准确地测量经度却不可能,没有经度和纬度,就不可能确定船只的位置。问题很简单,因为船上没有可以随身携带的可靠时钟。为了应对这一日益严峻的挑战,英国议会通过了《经度法》,设立了一项创新竞赛,奖金为2万英镑(相当于今天的300万欧元左右),奖励任何能够制造出可靠的便携式天文钟的人。经过长时间的寻找,获胜者是一个叫约翰·哈里森(John Harrison)的人,他的设计至今仍可在伦敦皇家海军博物馆见到。

1869年,横渡英吉利海峡的法国军队也有类似的担忧,这次是因为长途行军准备部队。他们的挑战在于寻找黄油的替代品,因为黄油的保质

期只有几天。这个问题再次成为另一场创新比赛的焦点，奖金为 12000 法郎（相当于今天的 15 万欧元）。这场比赛的获胜者是梅格·莫里斯（Mège-Mouriès），他给世界带来了人造黄油，这种产品直到今天仍以各种形式出现在超市货架上。他是在追随光荣的脚步——这项比赛最初是由皇帝路易·拿破仑（Louis Napoleon）三世在 1795 年设立的，作为一年一度的征集"好点子"的尝试——1809 年，另一位著名的获胜者是发明了世界上第一个食品罐头工艺的尼古拉斯·阿佩尔（Nicolas Appert）。

这些例子凸显了创新面临的挑战。创新的关键在于将创意转化为价值，而在"模糊的前端"，向尽可能多的人开放创意建议的挑战是有意义的。问题是，组织这样的创新竞赛需要花费大量的精力来吸引创意、组织创意并做出决定。在过去，这意味着你需要一个英国国王或法国皇帝级别的赞助商，以及一个为他们工作的整个组织机构来举办比赛。

但现在不一样了。随着互联网平台的广泛应用，创新竞赛的新平台出现了，一个集中的挑战可以激发很多创意。更重要的是，其他项目中的人也可以参与评论和支持，从而建立起围绕这些创意的社区。其他人可以帮助进行评估，利用群体的智慧来帮助做出支持和进一步发展哪些创意的正确决定。随着在举办创新竞赛方面积累经验，它们已经成长为强大的平台，成为我们创新工具包的宝贵补充。

它们的历史可以追溯到早期自动化意见箱——从本质上说，它们使许多人能够贡献创意，并获得一些确认和反馈。作为一个创意的快速集合，它们工作得很好，但真正的好处是，它们可以帮助优化创意管理的过程——选择和开发创意，并让人们了解最新进展。

这类创新管理软件迅速成熟起来，增加了许多模块，以提供我们在上述讨论中所寻找的那种功能。⊖一般来说，今天的平台提供的支持包括：

⊖ Bessant and Moeslein（2011），Harhoff and Lakhani（2016），Reichwald et al.（2013）。

1. 寻找创意……
- 创意支持，开放门户，让人们贡献他们的想法。
- 数据库存储和跟踪所有提交的创意评论功能，让其他人可以添加他们的回复和反应，类似于 Facebook 的"点赞"和评论功能。
- 共享的创意开发，可以使用不同的评论来完善和改进创意。
- 分组，这样创意（和提出建议的人）可以联系在一起。

2. 选择创意
- 让系统用户有机会评估创意，同样是通过简单的评分、评论和改进意见。
- 引入多角度评价——例如由用户、各种专家、甚至由"投资者"进行评估——这些人有名义上的资金可以投资，他们可以帮助管理创意的"股票市场"。
- 反馈和状态——保证透明度，让每个人都能看到正在发生什么，他们的创意促成了什么，他们的创意在流程中处于什么位置。

3. 执行创意
- 提供在线会议的场所，让团队可以进一步推进他们的创意，并对其进行全面评估。
- 为团队提供线下支持，以完善他们的创意。
- 线上和线下的推介活动，对创意进行评判，并决定是否正式支持，并提供支持。

4. 有针对性的创意
- 利用各种活动，沿着关键的战略方向瞄准和聚焦创意。

5. 知识管理
- 捕获和综合来自平台的所有信息，寻找模式，挖掘联系，帮助重新部署组织内部和跨组织的知识。

在平台上执行

尽管此类软件的功能很强大,但这些平台的真正关键问题仍然是如何落地。经验表明,充分利用这些强大的工具并非偶然——这是一个逐渐建立和嵌入能力的学习过程。这不是自动化创新的问题,而是学习如何更精确地使用工具的问题。它强调了让人参与其中的必要性,并在关键时刻实现"离线"的物理交互以及在线协作。

我们可以想象一个简单的阶梯模型,通过这个模型,组织可以有效地学习使用协作平台(表6-1)。

表6-1 创新协作平台的特点

等级	特征
1. 简单的前端构思	通过自动化意见箱的方式,提供一种"众包"创意机制并收集它们
2. 交互式前端	让其他人对创意进行审查、提炼和评论
3. 有针对性的交互前端	利用有针对性的活动和挑战,在具有战略重要性的特定方向上引导出创意。需要挑战的"所有者"/发起人
4. 构思与判断	增加了其他人评估和判断的可能性,有助于选择"好"的创意。可聘请专家或评委。也可能有"投资者"——通过动员"创意市场"来了解哪些创意获得了公众的支持
5. 建立实践社区	使团队能够在早期轮次的选择后,进一步形成他们的创意,并进行互动。可能涉及线下的实体会议,以开发创意。可能会涉及各种各样的培训投入,以帮助加强核心理念,并为最终的选择做好准备
6. 对接主流创新体系	包括对高级经理的某种创业理念的"推销",后者将选择和分配开发资源以推进该理念。在这一点上,团队可能会增加专家来帮助推进这个创意。结果是通过组织KPI和与之相关的奖励系统来衡量的
7. 融入创新体系	这种创新模式成为文化的一部分,与其他活动并行运行。知识被捕获和存储,重新用于支持新的有针对性的活动,并创造性地重新组合
8. 扩展到组织外的玩家	动员模型引入供应商、用户和其他人,作为共同创造基础设施的一部分

处理内部创业的挑战

综合以上讨论的线索，很明显，在动员内部企业家精神方面存在着重大的潜在机会。但这不会是偶然发生的，也不会仅仅通过建立一个平台就能实现。相反，需要探索和嵌入一些关键的创新管理程序。

首先，正如我们所看到的，是创意管理——在持续改进项目中，以系统的方式处理大量的创意是非常困难的，我们只关心沿着既定轨迹进行改进。随着建议数量的增长，评估更大、更复杂的创意很快就变成了一项挑战。但平台已经开始提供帮助——我们不仅可以捕捉创意，还可以在创意的基础上改进和发展。此外，平台还有一个额外的优势，那就是能够存储和重复使用创意，这有助于从鼓励前端创意中逐步获得收益。

而且我们还可以解决判断问题——不再依赖高级经理来评估和批准创意，我们现在可以在平台中建立选择和评估工具。使用"群众的智慧"可以分散判断创意的负担，并提供一些重要的前期过滤。对创意的评估可以包括其他元素，如创意市场，即名义投资者对创意进行评估的市场。此外，专家评审员仍有发挥的空间。创意竞赛的新兴技术意味着，与缓慢的评估和反馈过程相关的障碍可以被降低，至少在早期阶段是这样。

第二个问题是时间和资源的分配。有些组织用一个总体数字来告诉员工，他们可以有一定比例的时间用于自我探索——例如，3M公司是15%，谷歌是20%。但这背后的假设是，员工投入了更多自己的时间——他们的努力与之相匹配。这一直是一个棘手的问题，因为给予这样的时间是有成本的，但如果不给员工一些宽松的时间，他们就无法创新。那么，你该如何发出这个机会的信号，并为他们创造足够的空间来坚持到底呢？

再一次，从平台和创意竞赛中可以学到一些有用的东西——在早期阶段，它几乎是一个游戏，人们可以把业余时间投入其中。因为它还处于早期阶段，而且是概念性的，所以我们不讨论巨额的投资，但仍然有一个选择机制，只允许认真的玩家通过。他们可以组成团队和网络来分担任务，而某种个人或组织的激励是很重要的——他们的创意如果成功了，不仅会得到物质上的奖励，还会得到倾听和进一步发展。因此，我们可以逐渐地扩大创新前端的漏斗，允许新颖的概念出现。

第三个挑战，也是一个有趣的点是，从在线团队合作过渡到实际合作，对创意进行完善和打磨，直到可以被评判的程度。对于公司来说，这代表着一种时间上的承诺，允许员工实践他们的想法，也代表着高级管理层给他们提供一个申诉的机会。此外，还有技能问题——员工如何成为创业者？他们需要在准备商业计划书、财务规划等一些基本技能方面接受培训。

随着被选择的创意逐渐成型，并被完善成创新项目的提案，就越来越需要支持来帮助它们成长，但同时还需要让它们更紧密地符合组织创新项目资源配置的主流规则。培育早期阶段的创意，并提供帮助它们成长所需的指导和培训，是平台工作后期的重要组成部分。[一]

为什么这对海拉很重要

尽管在整个公司有许多动员创新的正式渠道，但与许多大型组织一样，海拉也面临着不能总是挖掘员工创意的挑战。这样做的原则深深植根于"企业家责任"的企业价值中——但问题是如何实现这一点？该公司如此忙于主流创新，源源不断地提供产品和流程创新，这些创新是整体战略计划的一部分，这一事实加剧了问题。

[一] John Bessant（2017）.

想要释放更大一部分员工潜在的创业精神，不仅仅是寻找好点子，还在于为员工提供一条探索和疏导挫败感的途径——让他们能够在这个极具挑战性的领域中塑造企业和未来。与此相关的风险是，这些员工中的一些人可能最终会因为受挫而离开公司，他们会觉得自己的想法不被倾听、不被重视。

这里的挑战是，如何鼓励一些更广泛的"前端思维"？如何实施这些创意？如何建立一种自我激励的创新文化，在战略上有针对性，并由具有变革热情的内部企业家推动前进？

正如我们所看到的，使用协作平台来帮助实现这一目标的经验越来越多。诺基亚、西门子和空客等其他大型参与者的经验（他们都在各种 i-Circle 会议上分享了自己的经验）表明，这种方法存在着巨大的机会，它不仅可以提供动力，还可以为业务提供一系列有用的新想法。重要的是，它还可以建立社区，动员内部知识库，帮助传播和重新部署组织内部的深厚能力基础。

海拉对挑战的回应……

早在 2014 年，海拉电子就推出了第一个版本的竞赛，吸引了很多人的兴趣，也吸引了全公司的创意。该模式是典型的———个持续几个月的短冲刺过程，在此期间，团队被邀请形成并提出对公司有价值的新开发想法。其他人作为专家和"投资者"参与了对这些想法的判断，就像风险资本市场一样，对看起来最有前途的想法下注。在纽博格林举行的"创新日"（Innovation Day）上，这些创意逐渐被削减到一个简短的团队名单上，向高级管理层"推销"。真正的奖品不是一天的假期，也不是获胜团队获得的奖励，而是能够将这些创意作为公司项目组合的一部分，推进到下一阶段的发展。

一共有 800 名员工参与了整个组织的跨学科团队。他们提出了 132 个想法，这些想法被提炼成 60 个商业案例，以供进一步评估。前 10 名转入高级工程部，总冠军有 3 人。

驱动电子创新的价值不仅在于从整个公司引出一些新颖的想法，它催化了创造力，并显示出人们对思考创新可能性的积极性有多大。但它也为学习如何使用这个强大的创新工具提供了一个实验室。如何传达核心挑战，如何吸引参与者，如何让人们了解情况，如何进行选拔赛——以及如何在竞赛结束后保持势头？

特别值得一提的是，其中一个问题是采用创新竞赛的公司的共同经历——创新面临的挑战不仅仅是寻找新想法，还包括将它们推进到可以创造价值的程度。原则是一样的——如何利用整个公司的创造力——但重点转移到加速创意转化为价值上。

这是"驱动电子创新 2.0"的基本主题，这是建立在第一次比赛的经验基础上的第二次比赛，并试图更有效地关注和协调公司的其他创新活动。

"驱动电子创新 2.0"——进入快车道

新挑战的重点，顾名思义，就是为给好点子增加额外的动力。第一次竞赛产生了进入高级工程项目组合的想法，第二次竞赛的重点旨在通过引入新思维来加速该组合内的项目。

重要的是，公司认识到并非每个专家都在电子部门工作，所以这场比赛广泛传播网络，调动了整个公司的想法。比赛的目标是激发企业家精神和促进合作，并在不久的将来交付一些有价值的东西。

竞赛的时间表和目标明确且具有挑战性；从 2016 年 3 月开始，比赛将一直持续到 5 月底，并在 6 月底举行最终评审活动。获胜者将获得额外的预算和其他资源，并配备一位导师，以帮助他们推进自己的想法。

吸取第一次比赛的经验教训，基本结构包括一系列的环节，在此期间，想法可以得到完善和推敲。有三个不同的小组参与其中：

- "人才"——有想法和知识的人
- "企业家"——利用这些人才来推进想法，加速向业务转移的团队
- "投资者"——专家（"权力投资者"）和其他人（"社区投资者"），他们通过投资虚拟货币来支持、判断和帮助对创意进行排名

这张网在整个公司广泛地撒下，吸引了来自不同领域的大量兴趣和活动。共有1276人注册使用该平台，他们包括：

- 29名企业家（代表31家"企业"）
- 135名"权力投资者"
- 477名"社区投资者"

这一过程涉及在整个平台上进行的密集努力，最终导致9名决赛选手在莱比锡保时捷主办的会议上展示了他们的想法。其中，三个获胜的想法被选中，并得到全力支持。

重要的是，这场比赛试图寻找新的思路来加速已经在投资组合中的项目。例如，其中一个获胜的想法提供了一种新的途径，通过结合公司内部已经在开展的两条工作线解决了汽车安全方面的一个重大问题。从提供低成本解决方案和快速解决方案两方面来看，这个想法都具有良好的前景和实用性，其目标是到2020年实现该产品的量产。

风险团队的动机相当直接，但有趣的是，其他一些参与者也很重视这种经验。例如，其中一位获奖的"投资者"认为，这为他提供了一个机会，让他在如此多具有破坏性的变革发生之际可以参与塑造海拉对其产品组合

的思路。

未来能力建设的经验教训

总体而言,关于创新竞赛的作用和价值,海拉获得了以下一些关键经验:

- 它提供了一种将来自大型多元化公司的人员聚集在一起的方式,并将他们的思考和努力集中在关键的创新挑战上。
- "游戏"的方式有助于激励和保持参与。
- 不同的角色有助于在通用电气和更广泛的组织中建立一种创业文化。
- 它是一种强大的聚焦行动的工具——获奖项目已经启动,预计2019~2020年将获得首笔收入。

拓展资源

你可以在 www.innovation-portal.info 上找到许多有用的资源——案例研究、视频和音频,以及探索本章中讨论的一些主题的工具,特别是:

- 利用协作平台扩展内部创业选择的组织案例研究——Liberty Global,Airbus(空客),Lufthansa Systems(汉莎科技),Wilo,Nokia(诺基亚)
- 高参与创新的框架成熟度模型和评估模板

反思与问题

1. 看看其他人研究内部创业精神这一主题的案例,以及他们试图实现这一主题的不同方式。哪些因素对于使这样的系统起作用很重要,你会吸取哪些经验教训来适用于其他组织?

2. 如果你被任命为海拉这样的大型机构提供咨询:你会推荐什么?你能看到下游的哪些问题?

3. 使用高参与创新评估框架(在上面的创新门户网站上),对你所选择的组织及其在构建这种能力方面的成熟度进行评估。

07 持续改进的挑战

Riding the Innovation Wave:
Learning to Create Value from Ideas

在一个充满未知的世界里，需要调动尽可能多的努力来完成创新任务。这样做的巨大机遇之一就是调动组织中所有员工的创造力。正如一位经理深刻地指出，这种方法的最大好处是"每双手里都有一个免费的大脑！""今天的一个悖论是，我们把创造力这一关键资源作为标准装备安装在我们雇用的每一个人身上，但许多组织没有认识到或成功挖掘这一点。"现代质量管理思想之父约瑟夫·朱兰（Joseph Juran）曾将其称为"矿中之金"——我们面临的挑战是找到最新的、有效的方法来提取这种矿物！㊀

当然，说起来容易做起来难——这种高参与度的创新并不像听起来那么容易。原则上，每个人都是有创造力的，对于改进组织内部的事物，每个人都有很多想法。但要使他们能够这样做，就必须营造一种让这种行为蓬勃发展的环境。

人们可以通过提出和实施自己的创意来促进创新，这种想法并不新鲜。将这种方式正式运用的尝试可以追溯到18世纪，当时日本第八代幕府将军德川吉门（Yoshimune Tokugawa）在日本引入了建言箱（the suggestion box）。1871年在苏格兰敦巴顿的丹尼造船厂实施了一项激励计划，鼓励人

㊀ Juran（1985）.

们提出提高生产率技术的建议，他们试图找出"任何能使工作质量提高或成本降低的变化"。1894 年，国家现金登记公司为调动其员工所代表的"百脑多智"（hundred-headed brain）做出了巨大的努力，而林肯电气公司则在 1915 年开始实施"激励管理系统"。这种想法，特别是关于建议计划的想法，在 1905 年回到了日本，兼渊纺机（Kanebuchi Boseki）的纺织公司引入了这些想法。㊀

早在 20 世纪 40 年代，3M 公司的首席执行官就很好地强调了在实施这类系统时所面临的领导力挑战：

> 随着我们业务的增长，授权责任和鼓励人们发挥他们的主动性变得越来越必要。这就需要相当大的宽容。那些我们授予权力和责任的人们，如果他们是好人，就会想要以自己的方式做好自己的工作。
>
> 他们会犯错误。但是，如果一个人本质上是正确的，从长远来看，他或她所犯的错误还不如管理层告诉当权者必须如何工作那样严重。
>
> 当错误出现时，具有破坏性批评的管理会扼杀主动性。如果我们要继续发展，就必须有很多积极主动的人。

尽管这些理念在一个世纪前就已确立，但在战后的日本和"质量革命"中，我们才将其视为一种能够持续改进的系统性方法。那里的制造企业似乎能够通过速度、灵活性、质量和高生产率来管理为客户创造价值的过程。人们不可避免地将注意力集中在如何取得这些成果上，很明显，一种完全不同的制造业组织模式正在演变。

模仿日本经验的早期尝试往往以失败告终。例如，在 20 世纪 70 年代

㊀ Boer et al.（1999），Bessant（2003），Schroeder and Robinson（2004）.

末,质量圈(quality circles)的广泛采用往往导致短期收益,然后逐渐幻灭并被放弃。[1]在很大程度上,这可以归因于一种错误的信念,即西方企业必须努力获得解决质量问题的单一可转移解决方案。当然,现实情况是,"日本模式"涉及一种完全不同的组织和管理生产的哲学。

随着西方企业开始探索日本实践的其他方面——例如,它们的生产计划、库存控制、流程、维护和灵活性等方法,这一点变得越来越清晰。[2]这种新兴模式将人视为解决生产问题的关键部分,也被视为发现和解决新问题的资源。为了调动这种潜力,有必要对培训进行投资。培训的范围越广,整个生产设施中对人员的使用就越灵活。在培训出具备发现和解决问题能力的员工后,就可以将大部分运营决策的责任移交给他们,因此工人们开始参与质量、维护、生产调度和平稳生产等方面的工作。为了最大限度地发挥决策权下放带来的灵活性,新的工作组织形式,特别是基于团队合作的工作组织形式显得尤为重要。

这些概念没有一个是日本特有的——相反,它们只是代表了任务和责任的重新整合,而这些任务和责任曾在19世纪的工厂系统和20世纪福特/泰勒式的大规模生产传统中被系统地分散和隔离开来。尽管如此,由此产生的差距是巨大的,特别是在20世纪80年代末对世界汽车工业的一系列研究中,这一差距得到了特别的强调。[3]

通过对世界各地汽车装配厂生产率的详细研究,我们可以清楚地看到,日本工厂在许多方面的表现要出色得多。在努力确定这些显著优势来源时发现,主要的差异不在于更高水平的资本投资或更现代化的设备,而在于组织和管理生产的方式。同样的模式也出现在许多其他部门——例如,施罗德和罗宾逊报告说,日本公司每名员工收到约37.4个创意,来自约80%

---

[1] Lillrank and Kano (1990).
[2] Schonberger (1982).
[3] Womack and Jones (2005).

的工人，其中近 90% 的创意得到了实施。随着人们对基本原则的理解不断加深，"精益"思维的概念也随之出现和传播。

那么，什么是"持续改进"呢？

持续改进的基本原则可以用一句话更清晰地表达——"最好是更好的敌人"（best is the enemy of better）。持续改进不是假设一次单一的"大变革"就能解决浪费的消除和缺陷的根源，而是需要对问题采取长期系统的解决措施。对此的一个比喻是水滴石穿，通过从上面不断地往石头上滴水，逐渐磨损石头——这不会一蹴而就，但累积的效果就像强力钻头一样有效。

基本上，持续改进包括高水平的参与，主要是渐进性创新，特别是专注于流程改进。持续改进看似简单，它的力量来自于对这种方法的长期坚持和普遍认可。重要的是，我们不能因为它规模小而轻视它；研究证据一致表明，大多数创新在大多数情况下都是把我们已经做的事情做得好一点而已。持续改进占了创新努力的绝大多数——真正激进或颠覆性的不到 10%。而持续改进的最大优势在于，这种渐进式创新建立在我们已经知道的基础上，它比激进的改进风险更低，实施起来也更快。

多年来，人们开发了许多支持持续改进的工具，但它的核心是一个简单的引擎，用于系统地发现和解决问题。它的一个著名版本是"戴明环"（Deming Wheel），以第一个开发它的美国质量工程师的名字命名。[一]另一个是"计划—执行—检查—行动"（PDCA）循环，它为系统性的渐进式创新提供了一个重点。

[一] Deming（1986）.

实现持续改进的挑战

对任何组织来说，持续改进似乎都是一个有吸引力的选择，但要实现持续改进，需要持续的、有组织的努力。它是一段通往目的地的旅程，在这段旅程中，人们自然而然地发现和解决问题，并贡献他们的创新努力。这不是一个简单的"即插即用"的解决方案；经验告诉我们，在组织内部建立和嵌入新的行为需要格外注意，而这个过程需要时间。

20世纪90年代末的一个重大研究项目对许多国家面临的这一挑战进行了研究，其关键发现是，高参与创新（High Involvement Innovation，HII）不是一个二元制的开关。⊖如果它要产生持续的影响并成为战略资源，它需要成为文化的核心部分——即人们的日常行为模式。而这取决于建立9项核心能力：

- 将高参与度创新作为一种核心价值——相信每个人的微小改进都很重要。
- 认可和奖励——这一核心价值通过相关的激励机制得到强化（这与金钱关联较少，更多的是关于被倾听、被授权、被允许做出贡献）。
- 培训和发展，让人们拥有成为有效创新者的技能。
- 建立核心流程以实现持续改进——包括为其提供运行的时间和空间。
- 构建对创意提供反馈和行动支持的创意管理系统。
- 对创意的促进和支持——辅导、培训、结构等。
- 领导力——创造高参与度创新能够发生的环境，并以身作则——"言

⊖ Bessant, Caffyn and Gallagher（2001）.

出必行"。
- 战略方向——明确指导在何处改进和为何改进很重要,并通过"政策部署"以明确传达这一点。
- 建立动态能力——不断审查和更新高参与度创新方法。

该研究特别表明,我们可以认为这是一个进化过程,要经过许多层次——但不能保证组织能够进步到下一个层次。继续前进意味着必须找到克服与不同阶段相关的特定障碍的方法。

在第一个阶段——第 1 级——持续改进活动很少,即使有的话,本质上也是随机的、偶然发生的。人们确实不时地帮助解决问题,但没有正式尝试动员或建立这种活动,许多组织可能会限制这种活动发生的机会。通常的情况是,持续改进不被关注,不被认可,不被支持——通常甚至不被注意。与这种变化相关的影响微乎其微,也就不足为奇了。

第 2 级涉及建立一个正式的流程,以结构化和系统化的方式发现和解决问题,并培训和鼓励人们使用它。与此相配套的是某种形式的奖励/表彰安排,以激励和鼓励人们持续参与。将通过某种形式的系统来管理各种创意,以便尽可能多地推进创意,并处理那些无法实现的创意。支撑整个结构的基础将是一个由适当机制(团队、工作组或其他)、促进者和某种形式的指导小组组成的基础设施,以使持续改进能够进行,并随着时间的推移监测和调整其运行。没有最高管理层的支持和资源承诺方的支持,这一切都不可能发生。

第 2 级当然有助于改进工作,但这些改进可能缺乏重点,通常集中在地方层面,对组织更具战略性的问题影响甚微。危险在于,一旦建立了持续改进的习惯,它可能缺乏明确的目标,并开始消失。为了保持进步,有必要进入持续改进的下一个层次——关注战略重点和系统改进。

第 3 级涉及将持续改进的习惯与组织的战略目标结合起来，从而使团队和个人的各种局部改进活动保持一致。为此，需要将两个关键行为添加到基本套件中，即战略部署行为和监控与测量行为。战略（或政策）部署包括传达组织的总体战略并将其细化为可管理的目标，以便不同领域的持续改进活动能够有的放矢。与此相关的是，需要学习监控和衡量流程的绩效，并以此推动持续改进循环。

第 3 级活动代表持续改进对企业底线产生重大影响的阶段，例如缩短生产时间、降低废品率、减少过剩库存等。它与实现外部可测量标准（如 ISO 9000）的努力相结合尤其有效，控制和衡量的规程为消除差异和追踪问题根源提供了动力。持续改进中的大多数"成功案例"都发生在这个层面，但这并不是旅程的终点。

第 3 级持续改进的局限之一是，活动的方向在很大程度上仍由管理层设定，并在规定的范围内。活动可以在不同的层级上进行，从个人到小型团体再到跨职能团队，但它们在很大程度上仍是对外部做出反应和对策。向第 4 级的转变引入了一个新的元素，即"授权"个人和团队自主试验和创新。

显然，这不是一个可以轻率采取的步骤，在许多情况下这样做是不合适的。例如，在既定程序对安全至关重要的情况下。但是，相对于外部引导的活动，"内部指导"的持续改进原则很重要，因为它允许通常与专业研究人士和工程师联系在一起的开放式学习行为。它需要对总体战略目标的高度理解和承诺支持，还需要高水平的培训，以促进有效的实验。

第 5 级是这个旅程的象征性终点——在这种情况下，每个人都充分参与到实验和改进中，充分参与到分享知识和创建完整的学习型组织中。表 7–1 列出了每个阶段的关键要素。

表 7-1 持续改进能力演变的阶段

发展阶段	典型的特征
（1）自然的持续改进	• 随机地解决问题 • 没有正式的动员或组织 • 偶尔发生，不活跃，不参与——专家解决问题的主导模式 • 短期的利益 • 无战略影响
（2）结构化的持续改进	• 创建和维持持续改进的正式尝试 • 使用正式解决问题的流程 • 使用参与度 • 基本持续改进工具培训 • 结构化的理念管理系统 • 识别系统 • 通常是并行系统的操作
（3）目标导向的持续改进	• 以上所有的，加上正式部署的战略目标 • 对照这些目标监控和衡量持续改进 • 在线系统
（4）主动/授权的持续改进	• 以上所有的，加上对机制、时间等的责任，都移交给解决问题的部门 • 内部导向而非外部导向的持续改进 • 高水平的实验
（5）全面的持续改进能力——学习型组织	• 持续改进作为主要的生活方式 • 自动捕获和分享学习经验 • 每个人都积极参与创新过程 • 渐进性创新或突破性创新

学习持续改进

沿着这条路前进不是时间问题，也不是资源问题，尽管如果没有资源，不可能比一辆没有汽油的汽车走得更远。但是持续改进道路上进步的本质是学习——获取、实践和重复行为，直到它们成为我们根深蒂固的日常行为模式——组织文化。

必须学习的基本行为模式或例行程序见表 7-2。

表 7-2 持续改进中的行为模式

能力	持续的行为
"获取持续改进能力"——培养持续参与持续改进的能力	• 人们利用某些正式的问题发现和解决周期 • 人们使用适当的简单工具和技术来支持持续改进 • 人们开始使用简单的测量方法来塑造改进过程 • 人们（作为个人和/或群体）发起并实施持续改进活动——他们参与这个过程 • 想法以明确和及时的方式得到响应——要么实施，要么以其他方式处理 • 管理者通过分配时间、金钱、空间和其他资源来支持持续改进过程 • 管理者认可员工对持续改进的非正式（但不一定是财务上的）贡献 • 管理者以身作则，积极参与持续改进的设计和实施 • 管理者通过鼓励从错误中学习而不是惩罚错误来支持实验
"专注持续改进"——产生并维持将持续改进活动与公司战略目标联系起来的能力	• 个人和团体利用组织的战略目标和目的来确定改进的重点和优先次序 • 每个人都理解（即能够解释）公司或部门的战略、目标和目的是什么 • 个人和团队（如部门、持续改进团队）根据部门或公司目标评估其建议的变更（在开始初步调查和实施解决方案之前），以确保其与目标一致 • 个人和团体监控/衡量其改进活动的结果，以及改进活动对战略或部门目标的影响 • 持续改进活动是个人或团体工作的一个组成部分，而不是一个并行的活动
"传播信息"——产生跨组织边界推动持续改进活动的能力	• 在持续改进中，人们不仅在内部部门（例如跨职能小组）之间合作，还在他们自己的部门工作 • 人们理解并分享一个整体的观点（流程、理解和所有权） • 人们在持续改进活动中以内部和外部客户为导向 • 与外部机构（客户、供应商等）合作的特定持续改进项目正在进行中 • 相关的持续改进活动涉及不同组织层面的代表

（续）

能力	持续的行为
"持续改进的持续改进"——培养战略性管理持续改进发展的能力	• 持续监控和发展持续改进系统；由指定的个人或团体监控持续改进系统，并衡量持续改进活动的发生率（即频率和位置）和持续改进活动的结果 • 有一个周期性的规划流程，据此定期审查持续改进系统，必要时进行修改（单循环学习） • 定期审查持续改进系统与整个组织的关系，这可能会导致重大的变革（双循环学习） • 高级管理人员提供足够的资源（时间、金钱、人员）来支持持续发展的持续改进系统 • 持续评估确保组织的结构和基础设施与持续改进系统始终相互支持、相互促进 • 负责设计持续改进系统的个人/小组应根据当前组织结构和基础设施来设计该系统 • 负责特定公司流程/系统的个人持续进行评审，以评估这些流程/系统是否与持续改进系统保持兼容 • 持续改进系统负责人确保在计划进行重大组织变更时，评估其对持续改进系统的潜在影响，并在必要时进行调整
"言行一致"——培养表达和展示持续改进价值的能力	• "管理风格"反映了对持续改进价值观的承诺 • 当事情出错时，各级人员的自然反应是寻找原因等，而不是责怪个人 • 所有级别的人员都坚信小步快跑的价值，每个人都可以做出自己的贡献，并积极参与认可渐进式改进
"学习型组织"——通过持续改进活动产生学习能力	• 每个人都从他们的经历中学习，无论是积极的还是消极的 • 个体寻求学习/个人发展的机会（例如，积极尝试，设定自己的学习目标） • 各级个人和团体分享（提供）他们从所有工作经验中学到的东西 • 组织阐明和巩固（获取和共享）个人和团体的学习成果 • 管理者接受所有学习成果，并在必要时采取行动 • 个人和团队通过利用所提供的机制来确保他们的学习成果被记录在案 • 指定个人利用组织机制在整个组织中部署所学知识

学习这些行为始于提升到一个新的级别，然后在该级别内进行广泛的扩展和修改。有很多问题需要解决，也有很多错误需要纠正——但最终会有一个时间节点，需要进入下一个级别。在这个时刻，组织需要后退一步，重新配置其持续改进方法——这样需要进行另一种学习。

在这两种情况下，学习不仅仅是实践行为，还包括找到克服特定点上障碍的方法。但是学习并不容易——许多组织根本就不学习。还有一些组织在特定的点上受阻，从此再也没有继续前进——这在很大程度上解释了为什么这么多持续改进项目，尽管早期充满热情和信心，最终却逐渐消失。

为什么这很重要

持续改进对任何组织都很重要，至少有三个原因：

- 第一，持续渐进性创新的价值有目共睹，它逐渐解决了降低成本、节省时间、提高质量等核心问题。"精益革命"在很大程度上得益于利用这一强大的变革引擎。
- 第二，即使我们正在进行激进创新，利用突破性的思维，仍然需要大量的渐进性创新才能奏效。从系统中去除错误，微调新流程，在实践中提高设计性能——所有这些都有赖于持续的渐进性创新。
- 第三，有一个强大的激励因素。与要求人们像机器上的齿轮一样工作（有点像电影《摩登时代》中的查理·卓别林）不同，持续改进提供了一种赋予他们权力的方式。他们可以在一定程度上控制自己的工作活动，利用自己的知识和想法改变现状——有很好的心理学证据表明这样做的价值。敬业的员工队伍是一支富有成效的员工队伍。

为什么这对海拉很重要

持续改进对海拉来说并不新鲜。它是 20 世纪 90 年代战略的关键组成部分，为今天的成功奠定了重要基础。汽车行业的"洛佩兹时代"带来了生存的紧迫性——要么降低成本、提高质量和缩短交货时间，要么退出这个行业。正如贝伦德博士所指出的，对海拉来说，这是一个简单的问题——"生存还是毁灭！"

公司前进道路的核心是找到让员工参与到持续渐进性创新过程中的方法。这不仅是一种新的管理技术，而且是组织运作的基本思维模式的根本转变，即"模式创新"。

这种文化的核心价值——从海拉成立之初就存在的核心价值——是"企业家责任"。这是一种双向期望——从员工的角度来说，他们希望将自己的创造力和精力用于持续改进；从管理层的角度来说，他们希望创造条件，让员工感到满足和被支持，拥有使命感和做出贡献的机会。

这其中的一个关键因素是将员工视为有能力和负责任的合作伙伴，并相信他们会这样做。它需要领导者不仅准备好分享这些价值观，而且要"言出必行"，创造有可靠性和有信任度、有信息透明度、有沟通和创造力的条件。它还特别需要一种对待错误的态度——创新涉及风险和实验，而这些不一定总能奏效。

对20世纪90年代的海拉来说，这既是挑战，也是机遇；正如贝伦德博士在向董事会推荐持续改进的报告中所写：

> 如果我们的员工相信，在海拉，这些目标和指导方针可以共同发挥作用，那么我相信，这将是海拉在90年代取得更大成功的重要先决条件。（1991年3月12日）

持续改进体现在1991年引入的全面质量管理理念中，该理念建立在三个核心原则之上：

1. 客户满意度为首要目标

2. 员工应该被授权并能够保证客户的满意度

3. 企业家责任——支持这一目标的流程和组织结构的战略指导方针

这种方法是有效的——成功的一个衡量标准是它帮助海拉幸存下来并且发展壮大。

海拉目前在做什么

在今天的环境下，持续改进同样重要，甚至更重要。持续改进仍是海拉创新战略的积极组成部分，但其重心已从质量、时间和成本的改进转向成本似乎是唯一重要的因素。因此，海拉对于在整个公司范围内重新启动持续改进、再次尝试建立高参与度的创新有着强烈的兴趣。我们的愿景是让持续改进再次成为海拉的一种内在工作方式——一种战略推动力。

为了推进这一目标，公司进行了战略审查，强调了一些挑战，包括：

- 将持续改进重新聚焦到在20世纪90年代开始的更广泛的改进目标上。越来越多的人认为，持续改进等同于降低成本，而该方法可能做出的其他一些潜在贡献（例如节省时间）正在被边缘化。
- 从项目基础转向流程基础。早期持续改进的工作围绕着有重点和有针对性的项目——其中一些项目，如LION计划，在帮助照明部门扭亏为盈方面非常成功。但还有扩展这种方法的余地，并将其应用到更广泛的持续流程改进方法中去。
- 重新调整企业文化，使之能够支持持续改进的核心价值观，并将这些价值观与严谨的流程联系起来。
- 使战略与持续改进相一致——与如前文框架模型中所述的策略部署保持一致。

这里的挑战与其说是学习新的创新管理程序，不如说是调整和扩展这些方法，对其实施进行微调，并将其推广到新的应用领域。

拓展资源

你可以在 www.innovation-portal.info 上找到许多有用的资源——案例研究、视频和音频，以及探索本章中讨论的一些主题的工具，特别是：

- 持续改进及其在几个组织中的实施案例研究——NPI、Hosiden、Forte、Kumba Resources。
- Veeder Root、电装系统、Redgate 软件、Innocent 果汁和英国气象局负责持续改进实施的经理的采访视频。
- 各种帮助实现持续改进的工具和技术。
- 用于探索组织内部持续改进能力/成熟度的框架模型和评估工具。

反思与问题

1. 想象现在是 2020 年，你正在访问海拉。这家公司做了什么来确保它想要的持续改进文化？公司周边发生了什么？你能看到、听到、评测到什么？持续改进如何成为日常行为模式的？

2. 你曾被邀请担任一家大型组织的顾问，帮助它们建立一种持续改进的文化。你有什么建议？你将如何为它们在持续改进所需的结构和行为方面构建下一步步骤？

3. 使用创新门户（高参与创新评估）上的框架工具来确定你所选择的组织可能在哪里以及如何发展其持续改进能力。

08 节俭创新

Riding the Innovation Wave:
Learning to Create Value from Ideas

一提到"节俭"这个词，人们就会联想到凑合度日、勉强维持稀缺资源、以小本经营的情景。在创新的世界中，有很多例子表明，这一原则引发了有趣的解决方案。例如，阿尔弗雷多·莫泽（Alfredo Moser）在里约热内卢贫民窟重新使用可乐瓶作为家庭照明灯具的想法，已经在世界各地大约100万户家庭中得到了应用。㊀陶艺家曼苏赫拜·普拉贾帕蒂（Mansukhbhai Prajapati）的Mitticool陶瓷冰箱提供了一种低成本且不需要电力的冷藏食物方法。㊁

"节俭创新"是一个越来越受到关注的短语——例如，《经济学人》专门为它写了一期特刊，还有一些管理会议都在探讨这个主题。"节俭"的意思是"小心使用资源"，在商业世界中，它越来越多地被用来描述一种简单和可持续的创新方法。它源自一些地方的创新经验，在这些地方，关键资源的短缺需要巧妙的解决方案来解决问题，而这种创新的简单性使其得以广泛传播。㊂

但是，节俭并不仅仅是在资源有限的地区采用低成本的即兴解决方案。

㊀ http://www.bbc.co.uk/news/magazine-23536914.
㊁ http://www.thebetterindia.com/14711/mitticool-rural-innovation-nif-mansukhbhai/.
㊂ http://www.bbc.com/news/magazine-23536914.

即使对最先进的组织来说，这种思维方式也具有强大的影响力。[1]有时，危机条件和资源稀缺会引发人们向新的方向探索，从而产生激进和意想不到的替代方案。

节俭创新的基本思想是简化产品和服务，使其"足够好"，以满足广泛的需求，但不浪费多余或不必要的功能。在满足新兴世界的需求方面，这种方法变得非常重要。在新兴世界，大量人口代表着重要的市场，但个人购买力有限。管理学者C.K. 普拉哈拉德（C.K.Prahalad）在他2005年出版的《金字塔底部的财富》(*The fortune at the bottom of the pyramid*) 一书中令人信服地阐述了这一点，他认为，虽然数十亿人每天的收入不足2美元，但这并不意味着他们没有共享商品和服务的需求和欲望，只是这些商品和服务的设计和提供方式需要改变。[2]

从消费品到汽车、电信和医疗保健，创新的挑战在许多领域已变得越来越明显和重要。不同的标签已经被使用——例如，"jugaad innovation"是印地语单词，专指节俭创新，意思是解决紧急问题的即兴发挥和灵活性。[3]

例如，当印度眼科医生哥文达帕·文卡塔斯瓦米（Govindappa Venkataswamy）退休时，他希望为家乡泰米尔纳德邦村庄的穷人提供安全可靠的白内障手术。当时的环境并不有利——即使按照印度的标准，手术的成本（约300美元）也超出了生活在贫困线附近的数百万人的承受能力，此外还有其他一些限制因素，如是否有熟练的工作人员来实施手术。他没有被吓到，开始寻找可以将成本降低到30美元左右的替代方法，他在一个令人惊讶的地方找到了答案，就在麦当劳的金色拱门下面。他认为，用于快餐生

---

[1] http://frugalinnovationhub.com/en/.

[2] Prahalad（2006）.

[3] http://www.ted.com/talks/navi_radjou_creative_problem_solving_in_the_face_of_extreme_limits?language=en.

产和服务的技术（主要依赖于在关键领域受过严格训练的非熟练工人）也可以应用于眼科手术。他的 Aravind 诊所成立于 1976 年；如今，它每年治疗超过 25 万人，使世界各地超过 1200 万人重获光明，否则他们将因无力承担手术费用而失明。㊀

一开始的节俭创新已经发展成为一个全球系统，提供世界上最好的眼科保健。它催生了多种创新——在教育、预防保健方面，以及针对印度国情设计的更便宜的替代品取代昂贵的替代镜片方面。（Aurolab 现在是世界上最大的生产商，产品出口到 87 个国家）。

这种可靠、低成本但安全的医疗保健新平台模式已被其他人采用。德维·谢蒂（Devi Shetty）曾是特蕾莎修女的心脏外科医生，因将这一模式应用于心脏搭桥等复杂手术，被称为"心脏外科的亨利·福特"。和 Aravind 一样，在时间和成本上的大量节约并不是以牺牲质量为代价；他的 Narayana 医院的医疗质量比许多西方医院都好。和 Aravind 一样，Narayana 强调的是一种经常挑战医疗保健传统商业模式的系统方法；例如，1200 万农民每月只需支付 12 美分的小额保险费，就能享受广泛的医疗福利。使用先进的远程医疗手段，可以通过先进的 IT 基础设施解决遍布整个次大陆的技能短缺和专家覆盖问题。㊁

其他公司也在模仿这种方法——例如，在中国，软件巨头东软正在率先使用先进的远程医疗技术，以帮助应对 5 亿人将需要医疗保健的日益严重的危机。该计划不是建造更多的医院，而是开发一种先进的 IT 支持的基础设施，以提供初级保健网络——一种成本低得多、覆盖面广得多的"虚拟医院"模式。

㊀ http://www.innovation-portal.info/resources/aravind-eye-clinics/.

㊁ http://www.innovation-portal.info/resources/narayana-hrudayalaya-hospitals-nhl-2/.

为什么节俭在创新中很重要

这样的故事比比皆是,表明节俭的方法为在新兴市场开展工作提供了丰富的机会,为在全球市场开展业务的跨国企业提供了新的可能性,以提高其在那些具备低收入高交易量特征的市场领域的表现。在消费品领域的确如此,宝洁和联合利华等公司就是依靠这种模式建立了强大的业务。

但将节俭创新视为仅为低收入经济体提供的简单产品和服务,未免太过草率;事实上,对于像海拉这样的大型先进组织,其中蕴含着一些深刻的教训和信息。

特别是,有一种强势的观点认为,节俭创新是创新轨迹的被迫转变。在资源稀缺的地方——例如,物质或财务条件有限——主流解决方案就变得不可用。相反,问题需要以不同的方式来解决——往往会导致非常不同的方法。这是激进创新的强大源泉,因为寻求解决方案的研究人员被迫走"小路",而不是沿着主干道前进。㊀

我们以往已经看到过这一点——"精益思维"的起源可以追溯到战后日本工厂所经历的严重的资源短缺。面对材料、设备、技能等方面的短缺,他们别无选择,只能开发一种基于最大限度减少浪费的替代方法。这不是一夜之间发生的,但对浪费的持续打击带来了一种强大的新模式,这种模式对世界各地的制造业和服务业的流程创新都有影响。㊁

如果市场机遇和改变创新轨迹的潜力还不足以成为探索"节俭"的充分理由,那么还有第三个原因——潜在的破坏性威胁和"反向创新"带来的挑战。虽然节俭创新与购买力较低的新兴市场相关,但这种想法也有可

㊀ Gibbert, Hoegl, and Valikangas(2007), Goller and Bessant(2017).
㊁ Womack and Jones(1996).

能转移到工业化市场。通用电气的简易心电图机（MAC 400）最初是为在印度农村地区使用而开发的，但由于其简单和低成本，在其他市场也获得了广泛成功。它在 18 个月内开发完成，产品成本降低了 60%，但提供了医疗保健专业人员所需的大多数关键功能。

西门子在其 Somatom Spirit 上采取了类似的方法，在中国设计了一款低成本的计算机身体扫描仪（CAT）机器。其目标是价格实惠，易于维护，低技能员工也能使用；最终的产品成本是全尺寸机器的 10%，患者吞吐量提高 30%，辐射减少 60%。目前，超过一半的产品销往国际市场。特别是，西门子采取了基于关键原则的"SMART"方法——简单（专注于最重要和最广泛使用的功能，而不是追求最先进的技术）、可维护、可负担、可靠和（快速的）上市时间。㊀

塔塔在开发"Nano"时开创了一种节俭的方法，这实质上是一种面向印度大众市场的安全、可靠的汽车。整个项目，从零部件供应链到下游维修和服务，设计目标价格为 2500 美元。早期的经验好坏参半，但已经促使其他公司开始涉足"节俭"领域，尤其是雷诺 – 日产。基于节俭模式的成功（欧洲的 Dacia/Logan 平台），他们在金奈建立了一个设计中心，为当地市场开发产品。Kwid SUV 于 2016 年推出，售价 4000 美元，尽管竞争激烈，但仍以优秀的订单量打破了销售记录。

不错，但不适合这里……？

我们很容易忽略这些例子，认为节俭创新只与低收入的新兴世界有关——但有几个原因可以说明，这样做是错误的。节俭创新具有现实意义的原因是：

㊀ http://www.nesta.org.uk/sites/default/files/our_frugal_future.pdf.

- 资源越来越稀缺，企业正在寻找事半功倍的方法。节俭的方式既可以应用于物质资源，也可以应用于智力和技术资源——在一个研发效率日益成为问题的世界中，这一点非常重要。例如，印度的 Mangalaayan 火星轨道飞行器在 2013 年的第一次尝试中成功发射。尽管这个项目很复杂，但它的开发速度是国际竞争对手的三倍，成本是其十分之一。它的成功归功于节俭原则——简化有效载荷，重复使用经过验证的组件和技术等。
- 危机条件往往能激发人们进行新的思考——这是关于创造力的研究所强调的。因此，节俭创新者的即兴创业技能——很好地体现在印地语单词"jugaad"中——可能是激发"跳出框框"思维的重要工具。
- 节俭创新有一个习惯，就是从它们的原始环境迁移到可以提供更好价值的其他地方。以低成本的航空公司为例，其模式基本上剥离了两点之间安全旅行的所有非必要功能。最初，这种模式的目标是无力负担主流产品的旅行者，但很快就颠覆了整个行业。

节俭创新成为一种思维模式

显然有很多事情正在发生改变，重要的是，核心原则围绕着一种不同的思维方式出现，在这种思维方式下，创新需要谨慎使用资源。特别是：

- 这并不是一个新发现，这个想法已经以不同的形式存在很长时间了
- 它不仅仅是关于削减成本——还是通过谨慎使用可用资源来创造价值，用更少的钱做更多的事。
- 它不仅涉及低技术解决方案，还涉及适当的解决方案，并可能涉及高科技思想的巧妙应用。

- 它不仅仅是产品创新——还包括流程（如 Aravind）、服务（如远程医疗、低成本航空公司）等。
- 不仅仅是为了贫困人群寻找解决方案来满足低收入和资源稀缺的"金字塔底层"（BoP）的需求——它具有更广泛的应用和影响。尽管 BoP 市场巨大且不断增长，并且本身就是一个巨大的机遇，但在现有的高价值市场中，节俭的解决方案也提供了替代方案。"反向创新"的想法也可能导致这些主流市场的混乱。
- 它不是一种新的管理技术——它是一种哲学，诞生于需要节约资源、发挥创造力以帮助找到新的和适当的解决方案的情况下。印地术语 jugaad，从本质上描述了优秀企业家的做法。

如何做到这一点？

那么，一个组织应该如何开始考虑节俭创新呢？有一些核心原则有助于形成这种思维模式：

- 简化——不是降低标准，而是提炼出关键的必要功能。
- 关注价值——避免过度使用，避免浪费。
- 不要重复发明"轮子"——采用、适应、重新使用、重组来自其他地方的想法。
- 横向思考——开放创新过程，让更多的人参与到工作中来。
- 平台思维——建立一个简单的节俭核心，然后添加模块。
- 持续改进——不断发展和学习，最好是更好的敌人。

对于每一种情况，都有一个不断发展和健全的工具包，来帮助开发以节俭方式工作的方法。

为什么这对海拉很重要？

对此有几个答案，尤其是：

- 像任何大型组织一样，海拉在资源方面也面临着挑战。这不仅仅是一个可持续发展或延续20年前开始的精益之旅的问题。强大的商业压力，尤其是来自关键客户的压力，迫使他们继续努力降低成本、缩短开发时间等。
- 社会压力也要求更好地利用有限的资源——这些不仅对海拉的形象很重要，也是其核心价值观的一部分。
- 节俭具有良好的商业意义——有证据表明，这种做法既能带来运营效益，也能带来战略效益。
- 鉴于未来的大部分增长可能来自新兴市场，探索在这些背景下有效的节俭解决方案，可能代表着一个重大的商业机会。在印度和中国的早期经验（包括参与塔塔Nano项目的供应链）使海拉具有成为重要参与者的可能。
- 海拉已经在印度和中国有了本地业务，并处于有利地位，可以学习这些方法，配合其在研发和生产方面的主导方法。
- 正如通用电气和西门子等主要参与者所发现的那样，节俭创新似乎提供了通过反向创新、开放式创新、重组创新等提高研发生产率的重要机会。
- 进一步的调查提供了一定程度的"保险"，以避免被低成本、质量足够好的竞争对手所干扰。与低成本竞争者给航空业带来的干扰相比，这一点值得一提。

海拉已经有了相关经验——例如，在印度开发 Nano 时，供应商的价位就是一个巨大的挑战。平台工程方面的工作（见"09　创新的平台思维"）也为这个核心原则提供了额外推动力。类似地，"敏捷"工程尝试采用精益方法进行开发——参见"13　展望未来"。

海拉面临的挑战

节俭创新是有效的，但也伴随着挑战。"如何用更少的钱做更多的事"是精益思维的核心，也是一个难以辩驳的原则。然而当它挑战了一个组织中一些潜在的核心信念时——像海拉这样的公司，就可能会有这样的风险。战后德国工业的优势之一是，在对质量和细节的严格关注的基础上，强调技术精湛，在英国，奥迪通过其广告宣传——"突破科技，启迪未来"（Vorsprung durch technik）将这一形象发挥得淋漓尽致。这不仅仅是一个关于汽车的声明，它嵌入了"技术进步"的理念——它承载了德国工程可靠、技术领先、质量有保证的故事。

节俭创新挑战了这一点——这是一种思维方式，关注的是解决方案不一定要完美，但要"足够好"（然后使用一种不断改进的方法，使它们变得更好）。它涉及在有限的资源下工作，并配置一个解决方案，然后改进它。这是一个自下而上的过程，而不是自上而下的过程。对于奥迪或海拉这样的公司来说，价值工程通常是系统性地应用算法，旨在保留核心功能，同时降低成本——这是一个自上而下的减法过程。就像将一块金属切割到所需的精度和形状一样。但在节俭创新中，情况恰恰相反——它是组装，然后再添加。建立一个非常简单的基础平台，然后在上面添加东西。

这两种模式都可以奏效，但它们不一定在同一个地方相遇。自下而上迫使人们选择一条非常不同的轨迹，这条轨迹的基础是通过短暂的实验周期进行学习和改进，而且是在任何解决方案都比什么都没有好的背景下进行学习和改进（与未获得服务的市场合作并与之共同进化新的创新解决方案，这一理念正是克里斯滕森的颠覆性创新理论的核心）。㊀如果你从一个非常低的、"足够好"的简单基础开始，你将无法提供高科技解决方案的所有功能。但是通过在市场中的学习，你会越来越接近市场的需求，并且成本也会很低。

理解节俭模式有助于开发一种平台方法，通过增加模块来适应多样化的市场，从而实现增长。易捷航空（Easyjet）和瑞安航空（Ryanair）等航空公司的案例很有启发意义；它们和其他低成本航空公司一样，开始寻找解决核心问题的办法，那就是砍掉任何不能为它们试图做的事情增加核心价值的东西。从本质上讲，就是运用精益思维，采用价值分析、价值流映射和持续改进的关键原则。

但是，在用自己的方式实现简单的节俭模式之后，它们可以自由地添加额外的功能。它们的盈利能力来自于它们可以提供的可选附加功能，它们可以通过构建其核心平台，围绕细分市场进行配置。

节俭创新开启了这种"平台+"的选择——但要想拥有起点，就需要放弃旧的模式。对于创业者来说，这很容易，因为没有其他选择——Aravind 和 NHL 都是从零开始，采用不同的原则。但在一个既定的传统中这么做是一个问题，因为有可能发生价值观冲突——采用"足够好"/快速学习模式，而不是高质量的、技术卓越的首次尝试。

对于像海拉这样致力于研发并以创新领导者形象示人的公司来说，被视为"节俭"的参与者可能存在明显的风险。但这种做法与高技术或高研发强度并非不相容。例如，"Mangalayaan"号宇宙飞船并不是一项简单的

㊀ Christensen（1997）.

技术——但它的开发建立在平台思维、模块化、敏捷开发和快速学习等核心节俭原则之上。这些都是海拉内部其他部门已经在探索的主题。

那么，海拉在做什么呢？

最重要的是，他们正在探索这一理念，而不是简单地将其作为一种新的管理时尚。人们越来越清楚地认识到，理解并运用这种思维方式可能是推动创新的强大且可能具有颠覆性的源泉。通用电气（GE）的雅克·伊梅尔特（Jacques Immelt）和日产－雷诺（Nissan-Renault）的卡洛斯·戈恩（Carlos Ghosn）等首席执行官都在积极推广这一概念，而西门子、联合利华和塔塔等不同组织日益丰富的经验也凸显了这一概念的潜力。它与海拉已经采用的一些核心方法并非不相容——例如，通过平台更好地利用昂贵的知识资源。鉴于公司在印度和中国等新兴市场的大量投入，探索这些市场自下而上创新的潜力也是有意义的。

就更具体的行动而言，电子部门的执行董事会成员纳文·高特姆（Naveen Gautem）是这一概念的拥护者，他对这一概念充满热情。他已经在寻找方法来获取印度的经验，并将其转移到海拉的其他地方。2016 年，他领导了一场关于这个概念的 i-Circle 讨论。从那以后，他一直在公司内部推广一些激进的想法，以进一步推进这一进程。

其中包括在印度开展工作，采用节俭的解决方案和视角来帮助应对当地的挑战。海拉为塔塔 Nano 提供零部件的经验是围绕节约技术持续学习的一个很好的例子，这种学习集中在位于浦那的海拉技术中心。

拓展资源

你可以在 www.innovation-portal.info 上找到许多有用的资源——案例研究、视频和音频，以及探索本章中讨论的一些主题工具，特别是：

- 探索节俭方法的组织案例研究，包括 Aravind 眼科护理，NHL 医院和 Lifespring 医院。

反思与问题

1. 节俭创新仅仅是针对低收入发展中国家的解决方案吗？或者说这些原则适用于任何组织？

2. 有什么障碍可能会阻止这种方法被采用？

3. 你能找到并探讨它在发达工业化国家有效应用的例子吗？

4. 存在"反向创新"的机会吗？它们会成为颠覆性创新的源泉吗？

5. 如果你是一名咨询师，被要求向海拉（或另一家大型国际公司）的董事会报告有关节俭创新的问题，你会给出什么建议？为什么？

Riding the Innovation Wave:
Learning to Create Value from Ideas

创新的平台思维

观察任何一群玩乐高的孩子，你很快就会理解平台思维背后的概念。少量的标准模块化组件连接到一个基本架构——几乎可以建造任何东西！闭上眼睛，很快你就会回忆起玩那些彩色积木、轮子和其他组件的时光。虽然你可能买了一个特定的模型，但大部分的乐趣来自重新组装成新的、未经计划的设计。数以百万计的家庭都有乐高玩具盒，孩子们（还有不少成年人！）沉浸其中，尽情发挥想象力。参观乐高乐园可以获得同样的体验。就算下着瓢泼大雨也没关系，只要走进宽敞的大厅，在堆积如山的乐高积木中，尽情发挥自己的想象力。

现在想想你的智能手机——你手里拿着的是一个具有基本架构的平台设备，你可以在其中添加一系列你特别想要的应用程序，让它为你工作。这就是大规模定制，每部手机都能为用户提供他们想要的东西，平台思维使之经济可行。

虽然这个词很流行，但平台其实已经存在很长时间了。早在 20 世纪 20 年代，哈里·弗格森（Harry Ferguson）就发明了一种安装在拖拉机后面的装置，这样农民就可以把各种各样的工具和设备连接起来。商业模式很简单——买基本款的拖拉机，加上想要的工具。肯·伍德（Ken Wood）关于家用厨房设备的想法也遵循了同样的模式，这也是百得和其他电动工具制造商进入 DIY 市场的模式。IBM 提供了一个平台架构，数以千计的硬件和软件开发人员可以围绕它工作，从而开辟了个人电脑业务。

该模型深入到产品架构的内部运作。英特尔之所以能够在众多设备的核心部分实现"内部英特尔"的突破，是因为它从分离的产品转向了平台架构，并有意识地在所有的设计中发展这种思维模式。

当然，不仅仅是产品，服务也从平台的模式中受益。eBay 的在线拍卖模式为一系列服务平台铺平了道路，包括拼车（BlaBlaCar）、住宿（AirBnB）和出行解决方案（Uber）。

此外，数据作为平台知识的价值也越来越清晰——例如，诺基亚（Nokia）将其 Here 地理信息业务以 20 亿美元的价格出售给了一个由欧洲汽车制造商财团。英国地形测量局（Ordnance Survey）是一家拥有类似知识宝库的政府机构，目前它以地图的形式帮助步行者在美丽的乡村找到方向。但他们也在努力探索新的方法，以更有效地利用自己的知识库。

在物联网的世界中，从多个设备中获取数据并使用它创建一个平台，可以提供不同的商品和服务，具有巨大潜力。这就是为什么亚马逊、思科和 IBM 一直在忙于投资骨干技术的原因，也是 Alexa、Siri 和谷歌 Home 背后的语音助手可能很快就会出现在大型知识商店入口处的原因。

平台已经成为高级时尚——埃森哲最近的一份报告显示，81% 的受访高管将其视为未来三年战略的核心。根据不同的定义，平台经济的估值约为 2.6 万亿美元。㊀

当然，这样做的风险在于，每个人都会赶时髦，把自己所做的事情贴上平台的标签。就像《爱丽丝梦游仙境》里的矮胖子一样，他们随意用词语——在这种情况下是"平台"这个词——来表达他们想要表达的任何意思！也许一个更有帮助的方法是，不要把所有东西都贴上平台的标签，而

㊀ https://www.accenture.com/gb-en/insight-digital-platform-economy.

是去研究支撑这种方法的思维中的关键元素。

为什么要这么做？

平台思维就是一种思考你的资源基础以及如何有效利用它的方式。它可能体现在实体产品或服务中，但本质上它的核心是知识，以及如何通过在创新中广泛应用知识来抵消学习成本，从而为不同用户创造价值。

再想想乐高积木的例子，想象一下，彩色积木代表包含关键知识的模块。这样一来，我们面临的挑战就不是构造和销售单一的设计，而是探索所有不同的配置方式。你甚至可以向乐高学习，开始与你的用户合作，基于他们使用你的积木的想法，共同创建新的应用程序。

平台为重复利用来之不易的知识提供了多种途径，例如：

- 重复利用昂贵的核心知识和流程知识——就像百得公司所做的那样，在许多不同的主题中共享其工具的动力。"产品系列"的概念存在已久，但要使其发挥作用，需要对流程（在系统中创造灵活性）和产品（在这些参数范围内进行设计）进行仔细的规划。[一]同样的情况也发生在服务领域，创建平台的核心知识——如拼车、拍卖或其他——可以在不同的应用中发挥作用。
- 知识扩展——通过在核心模型基础上的增量构建来扩展设计，以覆盖开发成本。比如1935年首次推出的道格拉斯DC3，销量超过1万架，至今仍在飞行。自1965年首飞以来，波音737仍在生产新的机型。早在20世纪80年代，罗伊·罗思韦尔（Roy Rothwell）等人就在谈论"稳健设计"——本质上是在尽可能广泛的应用领域

[一] Gawer and Cusumano（2002）.

和尽可能长的时间内传播核心知识。①

- 知识重组——在不同的市场使用相同的核心知识。例如，宝洁公司开发了环糊精化学，通过将有害分子与环糊精的核心结构结合，来处理气味掩蔽问题。该技术最初作为喷雾应用于除臭剂中，后来应用于香水、插电式扩香器、空气清新剂和蜡烛中。

- 以核心模块加附加模块的架构为基础的商业模式可以满足许多不同细分市场的需求。易捷航空在航空业的优势在于建立了一个有效的低成本核心平台，然后再增加（非常有利可图的）服务（如商务贵宾室或优先座位）。特斯拉更进一步，在所有汽车中都内置了许多功能，通过软件为那些需要（并准备为此付费）这些功能的用户提供服务。

- 通过允许核心功能的免费试用，然后允许用户购买他们看重的附加功能和特性，加速创新的采用——"免费增值"模式。

- 为更大的拼图提供关键的一块。弗格森拖拉机系统带动许多人提供附加设备，创造了一种系统模式，几十年后，英特尔利用这模式取得了巨大成功。正如 Annabelle Gawer 和 Michael Cusumano 的著作所述，"内部英特尔"不仅仅是一句营销口号，它准确地描述了一个非常成功的平台战略。②

- 与用户共同创造——允许用户访问你的平台来创建他们自己的应用程序，扩大你的产品供给，并建立新的市场。乐高在吸引用户设计师和与更广阔的市场分享他们的创意和产品方面非常成功。他们的乐高创意平台不仅为自己的设计提供了有价值的放大器，而且提供了关于关键趋势的市场和设计情报。

---

① http://onlinelibrary.wiley.com/doi/10.1111/j.1467-9310.1989.tb00635.x/abstract.
② Gawer and Cusumano（2002）.

- 建立开放社区，使核心平台成为相互关联的生态系统的基础，从而快速分享新的想法和变体。例如，在2010年海地地震期间，一个使用手机平台编写应用程序的社区迅速出现，帮助流离失所的家庭重新团聚，提供实时灾害和损失情况图，并能够实现紧急现金转移，以帮助灾民获得食物和药品。⊖

搭建平台

当然，提出想法和付诸实施之间有很大的差距。首先，一定要记住，一种方法不能适用于所有的情况——平台方法有很多变体，重要的是要清楚哪个版本合适。

其次，思考底层知识架构如何运作也很重要——哪些人拥有哪些知识，如何有效地将他们整合在一起创建新的配置？这可能会对许多企业中仍然流行的职能孤岛模式构成巨大挑战。正如丽贝卡·亨德森（Rebecca Henderson）和金·克拉克（Kim Clark）在一项著名的研究中指出的那样，过度依赖某一特定架构是有风险的——如果游戏规则发生变化，你可能会发现很难重新配置。⊜

这不仅仅是商学院的理论——它直接反映了公司的知识组织方式。经常发生的情况是，组织结构遵循产品的功能结构。如果是一家照相机公司，那么一个部门将专注于镜头的设计，而另一个部门则专注于相机机身的设计，因为需要确保一个部门与另一个部门之间的顺畅配合，他们之间的互动是有意义的。只要对组件进行更改，知识架构就能正常运行。

但当架构发生变化时——例如，从机械控制转向电子控制，或者设计

⊖ https://www.ted.com/talks/paul_conneally_digital_humanitarianism.
⊜ Henderson and Clark（1990）.

一个需要安装在头带上的移动相机——问题就会出现。新的团队需要发挥他们的知识，而旧的合作关系可能被搁置。找到修改甚至重新设计架构的方法是关键——平台的重要性部分在于找到一个合适的通用架构，围绕这个架构来发展此类组织。

第三，平台的开放程度问题。正如开放式创新正在探索与外部知识源建立联系，并以新形式将其结合起来一样，平台也越来越开放，以允许共同创造、互补模块等形式的知识共享和重组。Linux 可能是这种跨社区平台开放式共同创造的最好的例子，但正如埃里克·冯·希普尔（Eric von Hippel）在他的书《数字时代的用户创新》中指出的那样，还有越来越多的其他例子。㊀

为什么这对海拉很重要？

海拉生产的量很大，需要花费多年的时间才能就产品达成一致意见，然后才能投入长期生产。海拉的历史一直是与关键客户建立密切的合作关系，通过这种合作，他们共同创造了车灯、车身电子设备等组件背后的理念。但要做到这一点并不容易——尤其是因为市场压力的不断变化。包括：

- 更快的技术周期和更多样化的需求意味着客户想要更多的功能，并希望它们更快地实现。所有这些都不能在安全或质量上打折扣，当然也不能在价格上打折扣。
- 消费者越来越期望将高水平的电子和技术功能作为标准配置——因此，过去那种先装配高端然后再转向下游发展（比如电动车窗）的曲线正在加速。

㊀ Von Hippel（2016）.

- 市场竞争正变得越来越激烈，来自关键客户的压力也越来越大，他们希望找到能够提供多种产品和速度更快的战略合作伙伴，并淘汰其他供应商。

但对海拉来说，压力却来自另一个方向——标准化将是完美的！那么，如何平衡这些不断增加的压力，同时又能保持竞争力？如何平衡创新与标准化？如何转向"大规模定制"——让每个人都能得到自己想要的而又不增加成本？

这是一个足够大的挑战，但对海拉来说，真正的问题是如何利用其知识库。将近10%的收入用于研发，这就要求海拉必须善加利用它所购买的知识，最好能在尽可能多的产品上推广。这意味着需要一种战略性的产品开发方法，将平台作为核心理念加以强调。

当然，这也是海拉早已深谙的——平台思维是贯穿其创新历史的核心主题之一。早在20世纪初，海拉就开始从一个核心平台知识库中获取不同应用的优势。

虽然原理众所周知，但实现这种平台方法仍然存在挑战，特别是在整合硬件和软件、机械和电子设计中的新技术方面。这就又回到了早先关于架构创新以及知识组织和管理挑战的讨论。关键问题是如何建立一个社区，让成员分享想法和经验；要做到这一点，不仅需要平台有一个明确的"主"架构，还需要组织做出改变，以确保谁与谁讨论什么的问题得到明确解决。

如何安排知识变得很重要——在海拉这样的组织中，强调创建具有深厚知识的专业领域/功能，而风险在于它们之间的沟通可能很困难。跨职能工作和知识流动的过程组织变得至关重要，但这可能会挑战现有的工作方式。

同样重要的是，要想方设法将客户融入这个平台，及早发现新的设计方向，同时也塑造客户对平台＋模块化架构可能（或不可能）实现哪些功能的预期。

海拉是如何应对挑战的？

海拉试图将其在平台思维方面积累的经验与日益以客户为导向的战略相结合，一个很好的例子是围绕车身控制模块（body control modules，BCM）正在进行的工作。

车身控制模块是汽车电子系统中越来越重要的一部分，它集成了许多不同的功能——控制车窗、挡风玻璃雨刷器、内部照明、安全等。它具有多达 200 种不同的输入和输出，是推动驾驶室空间根据驾驶员的特殊需求和愿望进行配置的有力手段。从技术角度来看，这也意味着要整合汽车周围流动的许多不同信号。

这是汽车电子产品长期以来的发展方向，问题在于实现所有不同功能的成本不断上升。当海拉在 20 世纪 60 年代推出第一批电子产品——简单的指示灯闪光灯时，当时的情况与今天的多功能和用户配置情况截然不同。

根据上述讨论，很明显这是一个将平台思维应用于设计和开发的机会。是否有可能构建一个核心平台架构，然后根据用户需求在其中添加配置模块？也许下游甚至可以提供一个双边平台，第三方"应用程序"可以在这个平台上实施？

虽然海拉早就提出了平台这个概念，但由于市场对提供多样化和定制化产品的压力日益增大，已经把这个问题推到创新议程的重要位置。

平台思维之旅

当前形势面临的问题早在 2013 年初就已经被确定为：

- 满足不同客户需求的复杂性意味着开发成本超过预算
- 不断增加的时间压力使得开发越来越处于危机模式
- 没有制定未来战略的可预测的基础

为了尝试找到解决这些挑战的新方法，该公司于 2013 年 6 月为 BCM 及其关系密切的"舒适控制模块"（Comfort Control Module，CCM）成立了一个特别工作组，关注车内乘客体验的各种元素，如温度控制、座椅调整等），短期目标是提高利润率，长期目标是将平台作为增长引擎，在其他地方开发和应用新方法。

在这一战略框架下的目标是：

- 提供可预测的项目成本
- 为报价和商业机会管理提供一个稳定的基准
- 减少客户项目的设计和开发成本
- 缩小这些项目的团队规模
- 在开发阶段提前实现高成熟度

从一开始就很清楚，这不仅仅是一项技术挑战；特别是它在几个方面提出了问题：

人

让全员参与并改变工作文化，吸收整个组织的技能和经验。这是通过开发一个新的流程实现的，该流程的关键要素包括：

- 员工大会
- 定期简报
- 保持对项目关注度的办公室

- 文化变革培训
- 由变更控制委员会监督
- 以业绩取信于人，强化新的工作方式

业务

- 应对日益复杂和精密的需求的挑战，同时与一小群供应商竞争
- 增加订单量和获得"首选供应商"地位的挑战
- 建立具有竞争力的成本地位
- 以关键绩效指标（KPIS）为重点，发展组织优势
- 明确2020年及以后的财务目标和业务案例

技术

- 开发一个既有基础系统又有模块化功能的平台（智能手机和应用程序模式）
- 概念验证和工作原型
- 将概念迁移到硬件上
- 开发采用OEM规格的路径，并允许定制功能
- 平台功能和基础系统的"所有权"概念
- 通过平台团队的直接参与进行改进和学习

方法

- 改变开发流程，从工具驱动的开发，然后根据工具定制方法，转变为在一个清晰和系统的方法框架中使用标准工具

到达目的地

在 2016 年的 i-Circle 活动上，团队分享了项目的一些成功成果，包括：

- 实现了盈利目标
- BCM/CCM 平台得到广泛接受，并有潜力利用它获得新业务
- 该平台在全球范围内推广
- 成为通用汽车拖车牵引模块的战略供应商

在这一成功的基础上，海拉正在加紧努力，以促进平台的进一步应用。

拓展资源

你可以在 www.innovation-portal.info 上找到许多有用的资源——案例研究、视频和音频，以及探索本章中讨论的一些主题的工具，特别是：

- 像乐高、宝洁和马歇尔等组织的案例研究，这些组织通过平台思维在多个应用中利用了它们的知识库。
- 通过平台思维"重组创新"的案例，相同的核心要素可以重新部署到其他领域——例如，Aravind 眼科诊所、3M、柯达、富士胶片。
- 帮助探索本章中提出的主题的工具。

反思与问题

1. 创新可以是"架构性的"——改变不同事物组合成一个完整系统的

方式。创新也可以是"组件"层面的，即进入这些系统的部件。以你选择的一个领域为例，找出随着时间推移发生的变化中哪些是架构性的、哪些是组件性的。对于不同的参与者，就他们可能面临的威胁和他们可以采取的应对方式而言，这意味着什么？

2. 找出你所熟悉的组织中平台创新的例子。随着时间的推移，底层架构如何支持知识投资的重用/重组？

3. 你被任命为一家大型组织的顾问，该组织希望为其产品和服务制定平台战略。你会建议它们如何继续最大化在研发和知识创造方面的重大投资？

10 开放创新网络

Riding the Innovation Wave:
Learning to Create Value from Ideas

20世纪70年代末沃克的车轮（Wagon Wheel）酒馆是一个特别重要的创新场所。它的名字很好地诠释了它的作用——就像车轮上的辐条，人们和各种想法汇聚在它的中心，周五的夜晚，空气中充满了交谈声。各种创意在这里飞来飞去，相互碰撞，经常在地板上化为火焰。但有些创意融合在一起，形成了更大的创意，开始了在未来几周持续的对话，并发展成为新的企业。它的地理位置也很重要——旧金山山景城，靠近新兴科技企业和大型电子公司的聚集地，也就是后来的斯坦福大学（Stanford University）硅谷分校。

当然，今天的硅谷已经不一样了——尤其是因为工业和技术基础的转变。20世纪70年代，微电子技术领域的创新不断涌现，而今天，该地区是人工智能、智能联网设备、物联网、工业4.0等新思维的熔炉。特别是关于移动的新思维——不只是汽车、卡车和公共汽车，而是一个全新的行业，涉及新参与者与旧参与者的混合、机械技术与虚拟技术的结合、软件和硬件的结合以及更多奇特的形式。

老车轮酒吧已不复存在（2003年关闭），但它所扮演的角色一如既往地重要。创新就是用创意创造价值——在一个新产业兴起的早期阶段，这些创意被广泛传播，进行对话，探索各种可能性，在不同的知识世界之间建立联系，这些都是至关重要的——网络就是这个游戏的名称。

不同的时代，不同的网络

当一个行业已经成熟的时候，创新的模式就会遵循老生常谈的路径和轨迹。这种有助于创新的网络是建立在社会学家马克·格兰诺维特（Mark Granovetter）所说的"紧密联系"基础上的，即关键参与者之间随着时间的推移而建立的密切关系。这些联系包括参与者之间高度的信任，以及他们愿意分享信息和风险的意愿，这意味着他们可以朝着共同光明的未来发展。[一]

但是，当游戏发生变化时，当技术和市场的新趋势意味着旧的模式正在瓦解时，网络就会呈现出不同的模式。在这个世界上，强联系有时会成为障碍——我们不停地与老朋友和合作伙伴交谈，却没有意识到游戏需要新的联系，在截然不同的世界之间架起桥梁。后者被称为"弱联系"，当新的产业出现时，它们是很重要的，就像我们看到的从"汽车产业"到无人驾驶汽车的过渡、所有权和使用模式的转变，以及新兴的"移动行业"所面临的巨大的监管压力。

为什么它很重要……

这个新兴产业还没有形成，很难预测谁赢谁输。两位美国教授威廉·阿伯纳西（William Abernathy）和詹姆斯·厄特贝克（James Utterback）称之为创新的"流动阶段"（fluid phase）。[二]这个模式认为，在一项重大新技

[一] Granovetter（1973）.
[二] Abernathy and Utterback（1975）.

术或一个新市场出现的初期，有很多人在尝试新的可能性。形形色色的企业家，从疯狂的发明家到精明的商人，都看到了可能性并进行尝试。结果就是各种可能性在"流动阶段"不断冒泡，变得越来越热。在这个阶段，没有人知道会出现什么，哪些创意会成为赢家，市场想要什么——因为这同样具有流动性。逐渐地，一些大的创意才会开始融合，直到有一天，一个"主导设计"（dominant design）逐渐形成——不一定是最奇特的技术，而是最符合人们的需求和价值，并且技术上是可行的。

这时，创新的游戏规则发生了变化；很多早期创业者都失败了，围绕着占主导地位的新创意的行业开始形成。重点从寻找主导设计转向实现它——在这些过程中，许多进入这个领域的创业者开始离开。更重要的是，到了这个阶段，对旧行业中老牌企业的威胁最大；除非它们参与了对流动阶段及其可能性的探索，否则它们可能会发现自己被下一波创新浪潮压垮。

所以，挑战在于如何找到处理流动状态的新方法。如何处理"弱联系"问题？如何找到新的合作伙伴，与他们建立关系，并开始与关键参与者建立更强有力的联系？组织需要：

- 参与其中——仅仅做一个旁观者是不够的，太多事情发生得太快，因此尽可能贴近行动很重要
- 尽早介入——事情在流动阶段发展得很快，尽早发现关键趋势并帮助放大并帮助放大和利用这些趋势非常重要
- 积极介入——被动旁观是不够的，组织需要开始寻找、形成和发展新网络的过程

这并不是简单地购买创意——流动的状态意味着没有明确的创新成功模式。相反它涉及：

- 学习，收集新信息

- 试验——用简单的原型形式尝试早期阶段的创意，尝试各种可能性
- 探索新的商业模式——主导设计本质上是关于价值以及如何获取和传递价值。我们事先并不知道主导设计是什么，所以需要试验多种模式——但我们也需要系统地这样做，构建用例，探索拟议的创新将如何为人们的生活创造价值
- 网络——知识理论认为，这一阶段是"弱联系"起作用的阶段

这本质上是一个学习和建立网络的社会过程，这就是"车轮"模式很重要的原因——找到满足和建立联系的方式，从而发展未来。

发现、形成和执行——知识网络的挑战

虽然这种不连续的变化在历史上时有发生，但有证据表明，它们正变得越来越频繁和严重。而老牌组织在防范潜在破坏性的不连续变化时所面临的问题是，它们需要一些截然不同的方法来应对。它们不能简单地坚持现有的做法——尽管在短期内，它们可能会因为所谓的"帆船效应"而生存下来。在蒸汽船出现的早期，它们被视为一种威胁，这促使帆船行业提高了性能。当时的蒸汽船处于发展的早期阶段，容易发生爆炸和故障；帆船依然在很长一段时间内具有竞争力。但不可阻挡的是，以蒸汽船为核心的新兴产业日臻完善，逐渐超越并最终淘汰了帆船。[一]

但是，要进入新世界，就需要在组织内部建立新的行为模式，以便更好地探索新兴的、仍然不确定的环境。这在很大程度上就是我们所说的企业家技能，但这些行为模式不一定能与既有的主流创新模式相提并论。旧模式运行良好，并且深深植根于奖励和强化这些模式的结构之中，这一事

[一] Gilfillan（1935）.

实加剧了这一问题。从短期来看，正是这些关系决定了我们能否赚到支持探索新事物所需的资金。

出现这种情况的一个关键领域是对已建立的网络和关系的惯性。长期和深入的关系是渐进性创新的强大积极资源，但也可能成为阻碍组织访问在非连续条件下所需新网络的障碍。正如罗兰·伯特（Roland Burt）所说，"束缚的关系可能会变成盲目的关系"。[一]

创建新的网络以支持非连续的创新，为企业提供了新的见解、能力和关系的重要来源，有助于企业理解影响其行业的变化。但是，构建这些网络至少需要关注三个关键领域：发现、形成和执行。[二]

发现

发现（Finding）主要是指所进行的搜索的广度。确定你希望与之互动的合适的个人或组织有多容易？你是否已经确切地知道他们是谁，还是需要花费大量精力去寻找合适的参与者？你的业务范围和多样性，以及你超越行业传统思维方式的能力，都能帮助你找到合适的人或组织。

这并不容易——有很多障碍会阻碍你建立联系，比如：

- 地域上的——潜在的合作伙伴可能不在同一个地方
- 文化上的——他们可能来自不同的文化背景，有着不同的惯例和期望，而你对其文化背景并不熟悉，也没有机会接触
- 行业上的——他们可能处于不同的技术或商业领域，你们之间通常不会有交集
- 制度上的——他们可能生活在截然不同的世界。例如，公共部门和私营部门之间存在很大差距

[一] Burt（2005）.
[二] Birkinshaw, Bessant and Delbridge（2007）.

形成

形成（Forming）是指未来合作伙伴对你的态度。他们愿意和你一起工作吗？你希望他们努力建立联系，还是希望他们因为观点不同而抵制你的提议？图10-1建立了一个简单的矩阵，以确定在试图建立新关系时可能涉及的一些立场和策略。

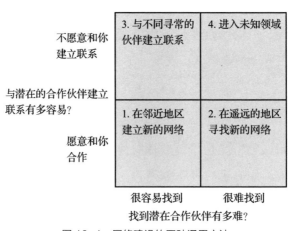

图 10-1　网络建设的四种通用方法

左下角的区域1代表了相对简单的挑战，即与既容易找到又愿意与你做生意的潜在合作伙伴建立新的网络。

区域2则带来了一个挑战，那就是从成千上万的潜在合作伙伴中找到合适的个人或组织，一旦找到，他们仍然有兴趣与你发展联系。一个有效的策略是利用边界跨越者（boundary-spanners）和侦察员（scouts）与潜在伙伴建立联系。边界跨越者是那些了解两个世界并能在两者之间建立必要联系的人。侦察员是那些已经或准备好在你公司不熟悉的地方或领域建立多样化网络的人。

英国电信（BT）在硅谷的长期投资就是一个很好的例子。这一直被视为一种侦察行动，尽管通过这种活动获得成功的合作伙伴数量很少——通常每年 4~5 个——但该部门在让英国电信了解技术领域的最新发展方面发挥了宝贵的作用。正如该部门的负责人让 - 马克·弗兰戈斯（Jean-Marc Frangos）所说：

> 最重要的是要有自己的雷达，这样你在硅谷发现的技术才会真正有用，而不是"有就好"。能够识别你所看到的技术与各种兴趣之间的映射关系……如果你不真正了解病人的病因，你就无法找到治愈他的方法。

区域 3 是潜在合作伙伴很容易找到，但可能不愿意与你合作的情况。在这种情况下，有效的策略是围绕一个共同的目标与潜在的合作伙伴合作。

区域 4 尤其困难，因为你不仅发现很难找到合作伙伴，而且他们也不想和你接触。这里的一个策略是，通过打破将他们与你隔开的制度或人口壁垒，逐步减少潜在合作伙伴的不情愿。这实质上是将潜在关系推到区域 2，让你通过边界跨越者和侦察员与你的潜在合作伙伴接触。它需要"安全"的空间，可以进行开放式的对话和探索——我们已经看到，人们对于提供这样的创新空间和中心以促进此类对话的兴趣与日俱增。

执行

第三个挑战是将新的网络转化为有价值的、高效的合作伙伴关系。这同样需要克服若干障碍，例如对知识产权保护的不同态度，以及建立分担风险的信任和信心。

这个过程的一部分涉及建立对未来需求的预期网络，而不是解决眼前紧迫的问题。例如，宝洁基于"连接与发展"模式创建的国际科学家网络并不在公司的工资单上，也不需要为公司提供任何持续的服务，但其潜在价值——即在需要时迅速采取行动的能力——是巨大的。在这种情况下，挑战在于如何创造切合实际的期望，并确保网络中的成员随时了解公司内部的发展情况。

网络伙伴关系也依赖于信任和互惠才能有效，而且越来越多的公司意识到，它们付出的越多，得到的回报也就越多。

网络也不同于其他形式的战略关系，因为权力的来源可能分散在许多参与者中，而不是集中在一个人手里。重要的是，要在促进网络连接和将自己视为网络"协调者"之间取得平衡，那些协调者凭借其在网络中的中心地位获得了某种程度的控制。

为什么这对海拉很重要？

我们看到，汽车行业的确定性已经开始消失，技术、市场、社会和监管力量正在重塑环境。这个领域开始看起来像是一个流动性非常强的空间，许多新的创新可能性正在不断涌现——挑战在于如何找到关键参与者，并尽早与他们接触，以建立有效的网络和联系。

这是一个特别的挑战，因为海拉不仅需要构建新的网络，还需要审查并可能放弃一些现有的"紧密联系"。

那么，海拉在做什么呢？

这正是海拉在过去一年一直在做的事情，它与一个新的集团——位于硅谷中心的海拉风投合作。在新兴移动领域，海拉风投的定位是令人兴奋的新发展。其基本战略与英国电信（BT）非常相似，包括建立一支侦察员和边界跨越者团队，帮助将海拉与新兴的机遇世界连接起来。

海拉风投的主要职责是建立联系，通常是在海拉的"正常"业务范围之外，与未来可能对公司产生重要影响的关键参与者建立联系。在新兴的智能交通领域，海拉凭借其对传感器和执行器的深刻理解，将在新兴企业中占据有利地位，从而吸引众多的潜在合作伙伴。

为什么海拉风投会位于硅谷？很明显，这里有大量的活动正在进行——分析公司 CB Insights 报告称，仅 2016 年，围绕"汽车技术"的风险投资和交易就增加了 77%。而海拉希望在这场游戏开始的时候，能在桌前有一席之地。海拉风投位于森尼维尔，地处硅谷的中心，毗邻主要的汽车和电子公司。正如海拉风投的总经理杰森·沃特曼（Jason Waterman）在最近的 i-Circle 上指出的那样，在这里，距离很重要——你不是只要飞到那里，就能听到很多对话和想法，你需要亲临现场。

他的演讲的核心是一张地图，一个海拉正在开始构建的连接网络，它可能会带来有趣的发展。重要的是，这些网络合作伙伴不仅仅是技术方面的；很多对话都是关于寻找价值主张、用例和商业模式，这些价值主张、用例和商业模式调动了基于云的数据和机器学习等想法。在那里设立办事处意味着海拉的几位高级管理人员能够与潜在的合作伙伴见面并进行探讨，例如参观丰田与斯坦福大学相连的大型研究中心。而且，海拉正在积极尝试促进新的联系，例如赞助探讨颠覆性技术主题的会议和研讨会。

从战略角度来看，海拉正在寻找有趣的新企业并与之合作，其目的是建立能够发现"未经打磨的钻石"并在那里进行选择性投资的网络。这将是早期阶段和较低水平的投资，其目的不是在已经有很多竞争者的"红海"中遨游，而是寻找"蓝海"空间。为了帮助建立平台，海拉模式包括建立网络，努力与当地的初创企业文化建立联系，在广阔的领域开展业务，通过有针对性的交易流程建立合作关系。

在整个过程中，需要连接海拉的核心知识库，并寻找有用的协同效应。在这些领域，海拉拥有经验、关键技术和能力，能够帮助企业扩大规模。

尽管这在很大程度上是一种全新方法，但该公司已经从中得到了一些宝贵的经验教训。特别是：

- 最高管理层的支持是必不可少的，特别是现在工作重点从建立业务转移到利用它建立新的业务
- 沟通是关键，要确保海拉的其他部门了解正在发生的事情，并确保在整个公司尽早和积极地建立正确的联系
- 学习与新的合作伙伴合作的新方法，提高海拉的开放性，从"弱关系"发展为更强的合作伙伴关系
- 创新投资回报，这是一个新的领域，处于"流动阶段"，要确定短期回报、一个成功的产品并非易事。
- 大部分投资用于学习和能力建设、开发潜力，这可能成为海拉未来的一个关键因素

（20世纪80年代，海拉公司也采取了类似的大胆举措，早早进入微电子领域，随着时间的推移建立了能力。这项投资的短期回报并不明显，但30年后的事实证明，这是一项重要的战略。）

拓展资源

你可以在 www.innovation-portal.info 上找到许多有用的资源——案例研究、视频和音频，以及探索本章中讨论的一些主题的工具，特别是：

- 组织及其网络战略的案例研究——例如，宝洁、3M、诺基亚。

- 帮助你探索本章提出的主题的工具。
- 解释组织用于帮助其管理开放和有时不连续创新的"知识意面"挑战的策略的视频。

反思与问题

1. 运用本章描述的框架，你如何为一个寻求进入新业务领域的组织制定一个网络建设战略？

2. 探索（运用例子）采取更开放的方法的优点和缺点。例如，开放式创新可以更广泛地撒网寻找创意——但它也引发了围绕知识产权保护的问题。

3. "小公司的问题不在于它们规模小，而在于它们被孤立。"社交网络如何帮助一家创新的小公司应对自身的挑战，这种方式可能带来什么好处？

4. "人多好办事"，还是"人多坏汤"？举例说明为什么网络可能是成功创新的积极或消极因素。

11 处理不连续性

Riding the Innovation Wave:
Learning to Create Value from Ideas

当萨利·温德穆勒开始捣鼓配件时,汽车行业还没有出现。相反,一系列的发明开始为汽车工业铺平道路,但没有人知道它究竟会是什么样子。当时并没有传统意义上的市场,只有少数有钱人能买到新车,每一辆都是手工定制的。到利普施塔特镇去一趟,你会看到那里有很多个人交通工具,都是各种形式的马车。双座车、四座车、公共马车、平板车,几乎任何一种动物拉的车都有。但是汽车呢?

当时还没有一个有组织的行业,没有一个供应商网络来提供零部件,只有少数几家大型装配商能够按照标准设计制造汽车,并以经济实惠的价格向所有人销售。亨利·福特和他的团队花了30年的时间才将这场革命带到德国街头。像他一样的企业家,他们看到了潜在的机会,并试图找到方法将其转化为现实。

当然,任何拥有时光机的人都能预见到即将发生的事情,以及交通市场的巨大变化。萨利·温德穆勒的直觉是正确的,这成了一个巨大的产业,有效地打破了与马车世界紧密相连的舒适世界。他们中的一些人适应了新技术并继续前进,另一些人则被淘汰出局。

这并不总是关于发现机会的问题,有时,当不同的事物出现在视野中时,不能足够快地做出改变。基于新技术的新行业给老牌企业带来了巨大的挑战。这是一种熟悉的模式——想想19世纪许多占据主导地位的行业，是如何在技术创造新市场和吸引客户远离传统业务的情况下兴起然后衰落的。

早在19世纪50年代，美国北部地区有一个巨大的以采冰为基础的行业——在田地里浇水，切割冰块，保温，然后将它们运到南方需要保存食物的地方。成千上万的人从事生产数百万吨冰的工作，然而，所有这些都被林德先生在慕尼黑实验室研发冰箱所引发的技术变革浪潮所淘汰。[1]

或者说照明领域——由托马斯·爱迪生、约瑟夫·斯旺等人改造为一个基于电力新技术的世界。当电力照明领域的新机会开始出现时，油灯和灯芯、蜡烛甚至煤气灯的供应商都失去了市场。弗里德里克和杰拉德·飞利浦等企业家于1891年在埃因霍温成立了飞利浦金属集团（Philips Metaalgloeilampfabriek N.V.），以利用这一新浪潮，一个世纪后，它成为世界上最大的电气/电子公司之一。

创新的模式

幸运的是，不连续性并不是一直存在的——在两者之间有很长一段时间保持相对稳定，有利于既有秩序的存在。这种模式有时被称为"间断均衡"，了解这种模式可以为创新管理提供重要的线索，因为在不同的时间点需要不同的策略。[2]

在新技术或新市场条件的早期阶段，有一个"流动"阶段，在这个阶段，技术和市场都不成熟，许多企业家都在尝试各种可能性。大多数都失败了，但最终有一种模式——不一定技术最先进但最符合市场环境的那种，

---

[1] Utterback（1994）.

[2] Tushman and Anderson（1987）.

会成为"主导设计"。[○]

就像超饱和溶液中的晶体一样,这提供了行业增长的起点,而在其巩固和成熟阶段,创新遵循的是渐进性改进的轨迹。詹姆斯·布莱特（James Bright）记录了照明行业的发展,并展示了爱迪生等人在取得突破性进展之后,是如何通过不断改进实现行业发展的。尽管边缘偶尔也会出现一些小插曲——荧光灯、氖气和其他放电技术等——但直到20世纪末LED出现之前,该行业一直相当平静。激进的创新被系统的渐进性改进所取代,特别是在制造日益集中和大规模的照明产品的过程中。

来自边缘的颠覆

这种模式在各行各业变得越来越主流,在一个稳定的网络中,利用主导设计,由少数强大的参与者组成,并在主要供应商和大客户之间建立深厚的关系。但在这个有序世界的边缘,企业家们不断地寻找突破口,寻找可能进入游戏并破坏游戏的机会。

方法之一是找到一群现有技术无法满足其需求或满足程度不足的人。想想廉价航空公司,其面临的挑战在于谁需要飞行。当时有一个成熟的主流市场,采用一种主导的设计——大多数航空公司的模式和行为都是一样的,向有钱的客户（或他们的公司）提供类似的服务和价格,以替代速度较慢的铁路或公路旅行方式。但有些企业家开始问这样一个问题："谁目前还没有坐过飞机——但未来可能会坐？"

这使得他们将注意力集中在未被服务的市场,比如学生、背包客或收入有限的退休人员。为他们提供飞行机会,就需要对产品进行彻底的重新

○ Abernathy and Utterback（1975）.

思考，这种产品不需要什么花架子，但能以低成本获得安全飞行的机会。在幕后，需要大量的流程创新来削减成本、加快机场昂贵的周转时间、使员工掌握多种技能来提高劳动生产率等。

所有这些试验和学习都发生在边缘地带——对于在中心机场运营、服务于既定市场的主流航空公司来说，这几乎无关紧要。但新进入者逐渐地改进了他们的模式，其提供的服务开始吸引主流客户——财务逻辑很难逃脱。在大多数短途航线上，安全、简单、价格仅为"正常"价格一小部分的航班非常有吸引力——突然间，稳定的航空旅行世界被打破了。许多大型航空公司无法完成转型，而那些跟随新进入者的航空公司在一段时间内处于不利地位，直到它们也学会了新的游戏规则和游戏技巧。

美国教授克莱顿·克里斯滕森（Clayton Christensen）首先发现了这种颠覆，他借鉴了来自不同领域的许多案例，围绕这种颠覆发展了一套理论。[一]所有这些案例的共同点是，企业家在边缘领域工作，采用一种新的技术组合（通常更简单、更便宜），为边缘市场的未满足需求提供"足够好"的解决方案。然后，通过向新市场学习和与新市场合作来改进这种创新，并吸引了主流市场的其他客户，从而加速实现全面颠覆。

颠覆可能并不总是依赖更简单的技术或更低的价格，而是基于当前市场焦点边缘发生的新事物，并涉及新的层次网络——客户、供应商以及最重要的企业家。

企业家所扮演的角色之一（由创新思维教父约瑟夫·熊彼特首次指出）是"创造性破坏"——寻求用一个更好的想法来颠覆现有的想法。这一点在商业模式创新中表现得最为明显，企业家通过创造一种新的、更好的游戏来改变游戏规则。商业模式基本上是一个创意如何创造价值的表述，是创新的路线图。改变商业模式可能涉及新技术或服务于不同的市场，但也

㊀ Christensen（1997）.

可能涉及以新的方式重新排列现有的元素。乔治·伊士曼的贡献不是发明了照相机，而是找到了一种方法把它带进每个人的家里。亨利·福特也用同样的方法将汽车带进了人们的家庭，史蒂夫·乔布斯则将计算机带进了人们的家庭。最近的例子，如优步或爱彼迎只是带来了一种组织现有资源（如汽车或住宿）的新方式，但它们也具有类似的变革力量。

中断和破坏

所以，我们需要认识到，不连续性是会发生的，我们不能总是预测它，但它确实存在。它可能来自技术或市场趋势，也可能是企业家主导的，但它终将发生。它是否会扰乱一个行业或一个特定组织的运营，取决于该组织能否很好地预测并采取行动，从而将威胁降至最低并抓住机会。

问题出在哪里？

问题在于，让一个组织从一个刚起步的创业企业转变为一个大型成熟企业的因素，也会限制它在边缘进行搜索，和快速反应的能力。所有组织在初创时期都具有企业家精神的优势——敏捷、敢于冒险、能够发现机会并灵活地寻找利用机会的方法。随着它们的发展壮大，重复创新绝非易事，需要建立结构和流程来实现。创新变得更有组织，并作为一个系统运行。

这种创新体系提供了一个强大的引擎，基于核心领域的创新利用技术和市场知识优势，实现增长。但它们也存在过于专注于当前业务、失去在当前业务边缘探索的创业能力的风险，难以发现潜在的机会，并将其与主流业务联系起来。

"利用"（exploit）和"探索"（explore）之间的这种张力众所周知，也是所有组织的共同之处。聪明的企业认识到需要在两个世界中运作的能力，在它们的创新方法中发展所谓的"两手抓能力"。（两手抓的人可以用任何一只手同等熟练地工作，而大多数人都是惯用手，他们用这只手完成大多数任务）。它们寻求在主流创新体系中巩固自己的核心优势，但也建立以不同方式探索的能力，重拾早期创立时期的"冒险精神"。㊀

创新是一个框架问题

正如人类需要发展心智模式来简化环境中丰富刺激所带来的混乱一样，成熟的组织也会利用简化的框架。它们"观察"环境，并记下它们认为相关的元素——要注意的威胁、要利用的机会、竞争者和合作者等等。构建这样的框架有助于给组织带来一定的稳定性，但同时也界定了组织寻找创新可能性的空间。

在实践中，这些模式通常围绕着一个核心主题——尽管组织可能不同，但它们经常共享关于其内部行为模式的共同模式。因此，某一特定领域的大多数公司都会采用类似的框架，假设某些"游戏规则"，遵循某些共同的轨迹。这决定了他们倾向于在哪里以及如何寻找机会——它随着时间的推移而出现，一旦确立，就会成为进一步创新的"框架"。

很难跳出这个框架来思考和工作，因为它是由组织在日常工作中使用的结构、流程和工具所强化的。问题还在于，这样的工作方式与组织"价值网络"中的其他参与者——它的主要竞争对手、客户和供应商——有着复杂的联系，而这些参与者进一步强化了组织看待世界的主流方式。

㊀ Birkinshaw and Gibson（2004），Tushman and O'Reilly（1996）.

尽管这些框架很强大，但它们只是个人和组织如何看待世界运转的模型。我们可以从不同的角度看待事物，考虑到新的元素，关注不同的事物，并提出替代的解决方案。当然，这也正是创业者在试图寻找机会时所做的事情——他们用不同的眼光看世界，用不同的方式来看待事物、看待机会。有时，他们看待事物的新方式会被广泛接受——他们的创新改变了游戏规则。⊖

就像一个醉汉在回家的路上丢了钥匙，拼命地在最近的灯柱下寻找钥匙，"因为那里有更多的光亮"，公司也有一种在已经知道和了解的空间里寻找的自然倾向。但我们知道，出现全新可能性的微弱的早期预警信号——全新的技术、需求截然不同的新市场、不断变化的舆论或政治背景——不会在我们的特定灯柱下出现。相反，它们在外面的黑暗中——所以我们必须找到在我们不熟悉的空间中寻找创新的方法。

如何做到这一点？有时是靠运气，但仅仅在正确的时间出现在正确的地点并不总是有用的。历史告诉我们，即使新的可能性摆在公司面前，公司内部也往往缺乏洞察可能性并采取行动的能力。例如，著名的"不是这里发明的"效应在许多情况下都被证实，在这些情况下，一个运行良好和成功的创新企业会拒绝一个具有重大意义的新机会。

创新搜索空间图

正如我们在"01 引言"中看到的，组织在寻找创新机会时需要探索多个领域。图 11-1 再次展示了这张简单的图。

区域 1 对应我们前面看到的"开发"区域，我们在熟悉的领域开展工

⊖ Day and Schoemaker（2006）.

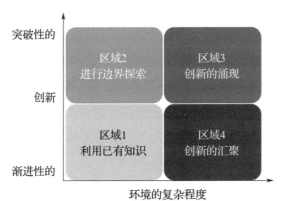

图 11-1　探索创新空间

作，寻求利用我们已经拥有的知识库。区域 2 是关于在我们现有框架下进行探索，在我们熟悉的方向上开拓新的领域。区域 3 和区域 4 引入了新的元素和组合，需要一种不同的、更开放的搜索方法。当不同的元素相互作用，形成一个复杂的涌现系统时，就显得尤为棘手，很难进行系统性的探索。

当然，这不仅仅是要看到即将发生的事情——组织还需要找到应对这些威胁/机会的方法，创建新的企业，并将其与主流整合。今天的创业实验可能会成为明天的主流业务。

成熟的组织所面临的挑战是，尽管它们可能已经建立了在区域 1 和 2 开展工作的有效系统，但它们需要非常不同的能力来处理右侧区域的工作。在这些领域，关键技能是企业家的能力，能够在不明确和模糊的环境中灵活地工作，并在该空间中尝试各种可能性。这里所需要的特质包括：

- 灵活性——能够重新设置框架，以不同的方式看待问题
- 探索者——接受新的可能性，勇于挑战、适应和改变
- 敏捷——能够在不同的选择之间移动，连接不同的世界
- 模糊性——容忍"模糊"前端

- 冒险——准备好尝试和失败
- 探索和学习策略的方法

因此，成熟的组织需要两种类型的创新结构，一种专注于主流，另一种则应对完全不同的挑战，即探索远远超出灯柱的范围。

表 11-1 展示了这两种"原型"。

表 11-1 两种不同类型的创新组织

类型 1	类型 2
明确和可接受的游戏规则	没有明确的规则——规则会随着时间的推移而出现，对模糊性的高度容忍
策略路径相关	路径独立，突发，探索和学习
清晰的选择环境	模糊，突发的选择环境
选择和资源分配与明确的轨迹和适合的标准相关联	冒险，多重平行赌注，容忍（快速）失败
操作程序完善稳定	操作模式紧急和"模糊"
紧密的联系和知识的畅通流动	弱联系，外围视野很重要

内部创业能力建设

那么，一个组织该如何重拾创业精神、建立创业能力呢？一旦它们选择了一个模式，如何让它奏效——有什么方法和工具来实现创新例程？

我们已经尝试了许多不同的方法，可以在一系列选项中有效地定位它们，如图 11-2 所示。

范围从允许人们有一点自由时间，允许他们以不同的方式思考，到建立专门的团队和结构，甚至成立一个独立的机构，负责充当主要业务的创业附属机构。

每一种选择都有优点和缺点，组织面临的挑战是从这些选择中配置适当的对策，以应对不连续中的潜在威胁／机会。大多数聪明的组织都不认为

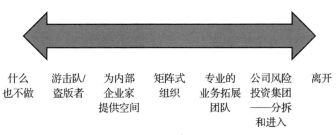

图 11-2 公司创业的选项

只有一种灵丹妙药,而是从各个方面寻求对策的组合。但人们越来越有兴趣成立一个专门的小组,在主流业务之外,以创业的方式运营一个企业风险投资部门。

这听起来是个好主意,但重要的是要认识到,这些小组往往无法实现母公司的高期望。特别是研究表明,许多失败可以归咎于错误的预期——在没有明确了解它们能提供什么帮助以及如何提供帮助的情况下就贸然行动。对多数组织来说,寻找的是新的增长来源,但对另一些组织来说,则是收获/开发现有但未充分利用的资源。朱利安·伯金肖(Julian Birkinshaw)和他的同事们围绕这一主题进行了广泛的研究,并确定了四种类型的风险投资:⊖

- "收获"风险投资(Harvest venturing),其主要目标是将未充分利用的资源转化为现金。朗讯公司(Lucent Ventures)就是一个很好的例子,该公司成立的目的是"利用贝尔实验室所代表的庞大知识库,将不需要的知识产权商业化"。它涉及新的风险创业,因为现有的知识产权商业化途径(如许可)行不通。
- 生态系统风险投资(Eco-system venturing),即公司投资外部的关键初创企业,这些企业可能会在母公司所处的更广泛生态系统中发

⊖ Buckland, Hatcher and Birkinshaw(2003)。

挥作用。一个例子是英特尔风险投资公司，它在其广泛的生态系统中寻找互补企业，并帮助它们起步。这样做的价值在于，它们代表了英特尔知识库的延伸，是一个紧密耦合的网络。

- 风险资本投资（Venture capital venturing）是指由公司作为风险融资的来源。这种方法很难，因为风险投资业务不是公司的核心专长，所以除非有特殊的技能或内部渠道，否则很有可能表现不佳。
- 创新风险投资（Innovation venturing）鼓励在现有职能或领域内创业。这种做法的价值在于，它创造了在主流边缘进行探索的创业能力。它的优势在于搜索的速度和广度。壳牌公司的游戏规则改变者（Gamechanger）模式就是一个很好的例子，该模式鼓励在公司主要业务领域的边缘进行广泛的、基于未来的搜索，以寻找激进的机会。

为什么它对海拉如此重要

正如我们在本章的引言中所看到的，海拉所面对的是一个与萨利·温德穆勒开始创业时极为相似的世界。巨大的技术变革为新颖的交通解决方案创造了机会——想想无人驾驶汽车，将智能融入交通的方方面面，突然之间我们就如同进入了科幻世界，就像 20 世纪 60 年代电影中的那些画面一样。同样，巨大的社会和经济变化也创造了截然不同的市场条件——当汽车在我们的城市中扮演越来越重要的角色时，我们还能继续仅把它作为一种模式吗？我们真的需要拥有这种大部分时间都闲置的昂贵资产吗？汽车作为一种身份的象征的理念，对年轻一代来说可能已经过时了。综合出行的选择是否会成为新的风口？解决方案不再是为每个人提供汽车，而是提供可靠、廉价的全天侯交通方案？

这个世界上有很多猜测，炒作和确凿证据各占一半。但按照阿伯纳西（Abernathy）和厄特贝克（Vtterback）的说法，这肯定称得上是一种"流动状态"，我们可以看到——正如他们所预测的——一群企业家玩家在这个领域中探索和尝试。

不仅仅是智能汽车，可持续发展的观点也在推动技术前沿，电力系统也处于类似的流动状态。这涉及网络挑战，就像托马斯·爱迪生意识到，他需要一个完整的发电和配电系统，才能使他的电灯泡获得商业上的成功。因此，电动或替代燃料模式，如氢，需要一个支持网络。

在这种流动的状态中，不仅仅是技术，还有一个强大的市场因素。塔塔和雷诺–日产等公司已将市场增长的重注押在了新的有抱负的中产阶级身上，他们希望拥有自己版本的T型车——人人都能买得起的汽车。塔塔纳努汽车（Nano）、雷诺Kwid汽车和其他车型本质上是"俭省工程"的产物，即简化为一个核心的低成本平台，然后利用规模经济实现这一目标，然后再（以溢价）添加不同的模块。

这也与商业模式有关——在这个领域中，有机会重新思考交通游戏的玩法。优步已经从一个小型初创公司成长为全球最大的交通服务提供商，但它并不拥有任何一辆汽车或卡车。其围绕平台协作共享的商业模式代表了另一个可能的创新方向。电动汽车服务商Better Place一度是历史上最大的初创企业，吸引了超过2亿美元的风险投资，以启动解决电动汽车电池充电问题的新模式。这听起来很有道理，以色列前总统和雷诺-日产公司的首席执行官都是它的积极支持者和赞助商。虽然这个项目最终失败了，但就像任何在不稳定状态下的创业想法一样，它并没有完全失败，我们可以从中吸取强大的教训，并在这个领域找到其他机会。

有很多事情正在发生，其中很多都有可能撼动像海拉这样的公司。挑战在于找到方法来探索一个高度不稳定的领域，肯定的是这个领域存在强大的威胁和丰富的机会。至少，我们需要一些防止被打乱的保险措施。

但海拉的创新能力受到限制。首先，它正忙于大量生产令人印象深刻的新产品以及支持产品交付的工艺技术。没有"闲置"的资源可供边缘探索。

其次，海拉的网络是建立在牢固的联系基础上的——它们已经建立了几十年，代表了丰富的信息流渠道。但是，正如我们在前一章中所看到的，这其中存在一个风险，即强大的联系和发达的价值网络不一定是未来重要的网络。随着架构的变化，就会面临与新的重要知识流联系隔绝的风险。

再者是任何成功企业都存在的惯性——为什么要用风险相对较低、可控的投资组合来换取风险和潜在成本较高的古怪产品呢？当我们现在做得很好的时候，如何鼓励探索？

海拉在做什么

这就是海拉创投（海拉风投）成立背后的基本理念，公司在过去3年间一直在采取一项举措，旨在建设应对颠覆性创新的能力。海拉风投的起源可以追溯到关于颠覆性创新的挑战和制定应对措施的必要性的广泛讨论，这些活动是由尤尔根·贝伦德发起的，包括研讨会和i-Circle会议。由此产生了一份内部"白皮书"，这是一份讨论文件，列出了挑战并着眼于两个核心问题：

- 海拉应该如何应对颠覆性创新的潜在挑战——在新浪潮中错失增长机会？甚至在核心业务上受到挑战？
- 采用哪种组织形式——以及相应的工具、过程、技术、治理等？

探讨了一系列可能的策略，海拉创投应运而生，主要有两个要素：

11 处理不连续性

- 一个总部位于硅谷的团队,希望长期(7 年以上)探索,试图捕捉关键趋势的微弱信号,并为进入这些新兴领域奠定基础。
- 一个位于柏林的小组,专注于更近的时间尺度,希望在新领域找到海拉的知识库的杠杆作用,并为公司的相关部门带来新的技术/市场机会。

硅谷的业务(在"10 开放创新网络"中有更详细的描述)本质上是一项侦察业务,而柏林小组则是前文所述类型中的一个创新冒险单位。这两个团队都成立于 2015 年,并经历了漫长的学习之旅,对海拉的创新能力和知识基础都有重要的意义。

2017 年初的一场 i-Circle 会议回顾了柏林小组迄今为止取得的进展,海拉创投团队的成员不仅分享了开发一系列项目的经验,这些项目对海拉很有潜力,而且在此过程中还发掘了与颠覆性的早期创新想法合作的潜在能力。他们开始将该部门定位为"越野"的并行工作,以探索公司可能的新选项——如图 11-3 所示。

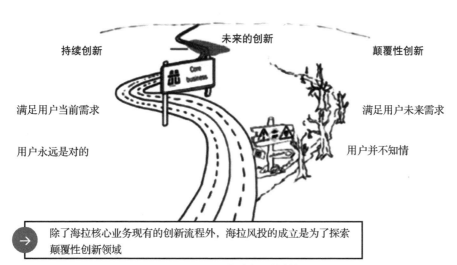

图 11-3 探索颠覆性创新

该团队（约15人）在一个由旧电器厂改造而成的创业空间工作，一直采用一种基于创业团队的工作模式，使用一种名为"精益创业"的方法。从本质上说，这涉及在技术和市场方面确定可能感兴趣的前沿领域，然后迅速拿出"最小可行产品"（MVP）进行测试。这个项目不是在一开始就设计出完美的解决方案，而是开始一段学习之旅——快速反馈有助于明确进一步开发的重点，并允许围绕最初的想法"转折"，加强并显化核心概念（见图11-4）。

我们介绍了这类项目的例子，展示了快速学习，也强调了柏林团队正在使用的一些令人兴奋的新技术，包括机器学习。他们甚至带来了一个小型机器人交通工具的演示，它正在学习在不撞墙的情况下绕过迷宫。

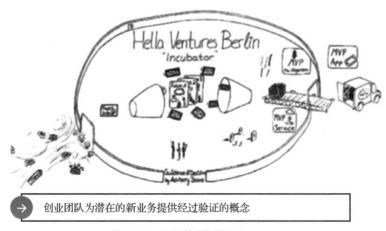

→ 创业团队为潜在的新业务提供经过验证的概念

图11-4　颠覆性创新的沃土

结果

海拉风投目前仍处于起步阶段，但已经出现了一些令人鼓舞的迹象。首先，很明显，一套创新程序已经形成并深入人心；其次，围绕精益创业和最小可行性产品的工作方式已经得到完善，并增加了海拉的创业技能。此外，还取得了一些早期成果，一些有前途的新想法与主流业务部门相结合，以供进一步发展。

未来的挑战是聚焦创新，并制定一个流程，循环利用一系列创业想法，将其打造为连贯的商业模式，并发展到可以重新融入公司、独立创业或以其他方式向前推进的程度。

拓展资源

你可以在 www.innovation-portal.info 上找到大量有用的资源——案例研究、视频和音频，以及探索本章中讨论的一些主题的工具，特别是：

- 行业（影像、音乐、照明）案例研究和变化模式，包括连续的和不连续的。
- 组织案例研究及其管理不连续变化的方法——飞利浦照明（Philips Lighting）、康乐保（Coloplast）、天蓝（Cerulean）。
- 用于处理本章中提出的想法的工具和框架，包括不连续的创新审计（Discontinuous Innovation Audit）。

反思与问题

1. 找一个不连续变化的例子——例如技术、市场或监管环境的重大变化。观察该领域的参与者，探索他们做了什么（或没有做什么）来应对变革浪潮。他们还能做些什么呢？试图进入这个领域的新来者是谁，他们是如何玩游戏的？

2. 你被邀请作为顾问，为一家类似海拉的大型组织提出提高创新能力的方法。它们已经有了在"正常"条件下管理创新的有效"稳定状态"能力——你还有什么建议吗？它们需要什么样的结构和"惯例"：

- 在灯柱之外寻找？
- 处理"免疫系统"，说服公司做一些截然不同的事情？
- 实施可能是陌生的想法，与当前的技能、资源和"我们在这里的做事方式"不兼容？

3. 在像海拉这样的大型组织中，管理一个旨在领导非持续性创新的部门需要什么样的技能？你将如何建立一个团队，在寻找和开发激进解决方案的同时保持与主流组织的联系？

12 敏捷创新

Riding the Innovation Wave:
Learning to Create Value from Ideas

关于创新有一个悖论——这一切都是关于改变的,然而我们实现这种改变的方式需要成为一系列常规活动的一部分。任何人都有可能会幸运一次,但要实现源源不断的创新,就需要某种形式的结构、某种可重复的流程、某种组织。正如著名管理学家彼得·德鲁克所指出的,创新行为有一个潜在的规则,尤其是在成熟的组织中。[一]初创企业也许可以即兴发挥,放手一搏,但要想靠创新生存和成长为主流企业,我们处理创新的方式就需要更多的组织结构。

这就是问题的根源所在:如何平衡对稀缺资源的约束和控制,以及寻找新解决方案所需的创造力和灵感。这是一项挑战,当环境发生变化时,就会变得更加困难——技术变化的速度越来越快,市场需求和竞争压力要求更快的开发周期,客户寻求更多的定制,以满足他们的特殊需求。

这方面的榜样通常是快速创业的初创企业或小公司,它们在笨拙的巨人脚下快速而敏捷地跳舞,这些巨人太老了,已经习惯于固有的创新方式,无法学会改变调子。这些巨人试图用自己的方式重拾年轻时的创业火花——但这样做并不容易。

㊀ Drucker(1985).

创新的方法
一家百年企业的创新管理实践

当然，在正式的研发、设计和开发职能部门，我们可能会发现某种程度的创业速度和天赋。研发、设计和开发职能部门理应成为公司创新的前端引擎。投资于此，将其作为驱动创造力和创业天赋的工具，使其成为一种工作模式？但事实往往并非如此。开发项目就是不确定性很高的，我们经常试图通过计划和预测来控制它。我们已经有了一些严格的资源分配工具如 SAP、Prince 2 等，但我们面临的挑战往往是陷入系统化的推进方式。最终，我们会慢慢地、安全地到达目的地，但有时太迟了，或者只能提供一个不那么引人注目的解决方案，不能完全取悦客户或满足他们的需求。

项目管理就是对风险和不确定性的预测和计划，因此，在实施过程中，我们往往会固有地倾向于稳妥行事，缓慢审查和不轻易改变方向。而且规模越大，我们采取的控制措施就越多，从而减缓和限制了在追求安全和质量方面的创新。

许多大型组织的潜在文化强化了这种做法，因为这些组织还记得在市场上走捷径或项目出错时出现的问题。声誉受损以及纠正错误所需的直接费用，使人们对承担风险产生了强烈的抵触情绪，并进一步要求进行控制和详细规划。

与此同时，在市场需求、竞争对手行为和核心技术变化比以往任何时候都要快的背景下，组织需要在处理创新项目方面培育更大的灵活性、速度和敏捷性。我们正在竭力引入一种真正的推动力，试图为组织带来一种新的工作风格，重新学习初创企业的工具和技术。愿景是相当令人兴奋的——用有限的资源建立一个高效的团队，在短时间内完成一个不确定的项目，让投资者参与进来，并积累从最初的想法到全面实施的动力。即使是一点点这种创新都是有用的，但如何将其纳入主流的工作方式，并制定质量标准和严格控制？如何才能做到重复使用这种方法，将单个敏捷项目的经验转化为一个流程？如何提炼这些方法，使其成为一种可以在整个组织内重复应用、培训和共享的方法论?

这就是所谓的"敏捷创新"的故事——一种回归基本的重新思考,关于如何在创新项目中采用一种更具企业家精神但仍然可控的方法。㊀作为一种系统的、有文件记录的方法,它的历史至少可以追溯到 30 年前。越来越多的证据表明它是有效的——当使用得当时(我们很快会做到这一点),敏捷创新有助于:

- 提高生产力,降低成本
- 提高员工敬业度和工作满意度
- 加快上市周期
- 提高质量
- 提高利益相关者满意度

敏捷的简史

敏捷思维始于软件开发领域和大型项目失败的巨大挑战。传统的软件开发思维遵循"瀑布"模式,在这种模式下,项目按部就班地通过组织中不同的职能部门运行。销售和市场营销部门可能会确定客户的需求,然后将其传递给设计,然后是开发、测试和部署。整个过程需要很长时间,而且很有可能最终产生的产品,无论在技术层面还是在满足客户要求方面,都不尽如人意。在这个过程中,项目将依赖广泛的控制、详细的文档和根据项目开始时制定的"总体计划"进行的项目管理。

一些开发人员开始寻找替代方案,特别是杰夫·萨瑟兰(Jeff Sutherland)和肯·施瓦伯(Ken Schwaber)在 20 世纪 90 年代初开始尝试

㊀ Morris, Ma and Wu(2014).

一种从日本实物产品开发工作中借鉴的方法。⊖对开发过程的几项研究——特别是野中郁次郎和竹内弘高在1986年的《哈佛商业评论》报道中提出了一种新的方法，这种方法不是基于顺序接力赛的概念，而是基于"橄榄球队"的比喻，即每个人都向前移动，但要平行前进，并在前进的过程中把球传给其他人。这种"新的创新游戏"在缩短开发时间和提高项目质量方面取得了重大进展。⊜

萨瑟兰和施瓦伯借鉴了其中的一些想法，并借鉴了橄榄球的隐喻，创造了他们的"scrum"方法；另一些人则以同样的思路和不同的方式工作，取了"极限编程"这样的名字。2001年，在一群志同道合的开发人员的会议上，他们创造了"敏捷"这个词来描述这些新方法。他们的工作对软件项目产生了重大影响——例如，管理咨询公司贝恩公司（Bain and Co.）的一项调查显示，"敏捷方法将平均成功率从11%提高到了39%，提高了三倍多。"该调查回顾了数万个软件开发项目。在大型、复杂的项目中，敏捷方法的成功率跃升至传统方法的6倍。"

软件开发是融合敏捷思想的熔炉，它吸收了许多早期的研究成果。例如，其中一个关键元素就是围绕早期参与、同步或并发工程等概念，以多种方式对各种想法进行了调整。其重点在于尝试并行工作，尽早和快速地共享相关知识，并确保所有相关职能部门都能探索新出现的解决方案。提供帮助的工具包括各种DfX方法（为制造而设计、为装配而设计等），这些方法试图在早期阶段引入一些下游知识。

另一个关键理念是建立一个专门的团队的，赋予其探索和实验的责任和权力——这在20世纪90年代的几项研究中已经出现，包括惠莱特（Wheelwright）和克拉克（Clark）的工作，他们确定了"重量级项目经理/

⊖ Rigby, Sutherland and Takeuchi（2016a）.

⊜ Takeuchi and Nonaka（1986）.

团队"模式与重大创新项目相关。㊀在许多方面，这种模式可以追溯到"臭鼬工厂"的早期，洛克希德公司在20世纪40年代首创了这种方法，基于建立一个小型的、专门的团队，有一个强有力的领导者和自主探索自己的（有时是非常规的）路线，以在紧凑的时间表和有限的资源内完成一个重大项目。㊁

另一个重要的贡献来自于"精益"思维的世界。这种截然不同的制造方法是从战后的日本演变而来的。资源受限的经济迫使日本人采取了一种强调减少浪费的新的工作方式。通过在丰田等公司的试验，一套强大的原则和工具出现了，为精益生产提供了一套严谨的方法。它们很快被应用到制造业以外的领域，其中一个应用方向是思考新产品开发的挑战。"精益NPD"的版本开始出现在许多公司中，并被非常成功地移植到初创企业的世界。㊂

精益创业

从本质上讲，初创企业是资源有限的企业，它们往往试图实现一些与众不同的并具有很高的潜在影响力的目标。初创企业需要进行试验和探索，但如果草率行事，它们很快就会耗尽支持，更重要的是耗尽资源。因此，有一种强大的潜在压力，要求它们学会如何创新，如何快速行动，与此同时要小心地管理和控制资源。这是我们之前悖论的一个极端版本。

精益创业（LSU）是一种非常类似于敏捷创新的方法，由埃里克·莱斯（Eric Ries）开发，并由他和史蒂夫·布兰克（Steve Blank）在各种书

㊀ Wheelwright and Clark（1992）.
㊁ Rich and Janos（1994）.
㊂ Womack and Jones（1996）.

籍和文章中推广。该方法借鉴了他自己作为企业家的经验,以及他对创业过程中出现问题的反思。[一]敏捷创新的核心观点是,创办一家新企业需要一系列短平快的实验,而不是一个精心计划和执行的大项目。每个周期都经过精心设计,以产生信息,并在市场上测试想法,并在每个原型之后对创业理念进行调整。关键原则是"最小可行性产品",这是整个产品理念的一个简单的基本版本,可以在用户身上测试以获得反馈,以及"轴心",即根据反馈意见改变方向。

"精益"概念源于制造业首创的低浪费方法,并广泛应用于所有部门。它被应用到产品开发中,以减少时间和资源的消耗。特别是在软件领域,它与第二个原则"敏捷"相辅相成。在这里,主要项目被分解为一系列快速、短期的原型和学习周期,开发团队的工作集中在"scrum"这种快速、密集的活动中。

精益创业是在软件和网络应用程序领域开发的,但其基本理念可以应用于任何项目。

敏捷的五十度灰

虽然有越来越多的证据表明敏捷方法的成功和价值,但这在很大程度上并非"一刀切"。如果组织采用这种新方法是因为它看起来很时髦,那么就会面临真正的风险;有证据表明,只有以正确的方式进行调整和配置,这种方法才会有所帮助。

"敏捷"不是一项单一的技术,而是一个系统,一种思考项目的方式,一种可行的方法和工具包,组织可以从中配置自己的方法。它解决了新产品开发中的许多常见问题,因此,了解当前系统的弱点,并采用/尝试敏捷

[一] Ries(2011)and Blank(2013)。

方法来改进是一个很好的开始。

例如，大型项目需要引入许多不同的视角，涉及不同的职能部门，所有人都要贡献自己的专业知识。其结果往往是形成一个庞大而笨拙的团队，在这个团队中，由于沟通的复杂性，可能会出现遗漏的风险，这意味着需要定期检查和控制质量。项目计划的前端工作十分繁重，要努力预测可能出现的各种问题，并消耗大量的精力与客户合作，以确保客户需求的规范被严格确定下来。所有的关键特性都在一开始就设计好，然后记录下来，这再次增加了项目交付的时间，因为这些都需要明确和细化。只有当整个项目以及所有的功能都准备好，检查和记录都完成时，才会进行测试，然后不可避免地会出现需要解决的问题，这将进一步增加时间和预算。

这个"重型"前端串行模型涉及几个阶段：

想法→特征确定和讨论→设计→开发→整合→测试→交付和部署

相比之下，敏捷方法只有一个小的核心团队，仍然可以利用更广泛的专业知识网络，但在"即时"的基础上。他们与客户保持不间断的联系，测试和检查开发过程，以确保只构建了对客户有价值的东西。设计是基于一个大纲和一种模块化方法，优先考虑关键的设计功能，并可以随着项目的发展而调整和添加。开发采取了一系列学习循环/周期的形式，边开发边测试和修正，特别是测试客户的反应和评价。在短周期的改进过程中快速添加模块和功能。

这并不是用小团队的"相信我们"心态来取代旧的项目管理规范——"敏捷"可以提供相应的控制措施，它依赖于同样的协作、测试、客户参与等核心规范。但它是在一种更灵活的配置下做到这一点的，这种配置特别适合特定的环境和项目类型。

表 12-1 列出了敏捷方法带来的好处：(基于 Bain[⊖])。

表 12-1　敏捷与传统创新方法

适合采用敏捷方法的领域	适合采用传统方法的领域
快速变化的环境和客户的选择以及他们需求的变化	稳定的市场、技术、可预测的客户需求
风险很高，很多方面没有充分阐述	风险很低，项目很好理解
密切合作，双方共同学习，客户发现自己的价值和真正重要的功能，共同创造	客户规范是明确的，不太可能改变。客户可能不希望或不能够进行密切协作
问题复杂，解决方案未知，不确定性高，需要进行实验和学习。相关知识集尚未完全定义，因此需要跨职能协作/参与	问题被很好地理解，也许是沿着熟悉的轨迹进行的更新。技术稳定且为人熟知，有成熟的解决方案，相关的知识集是已知的，项目可以通过不同知识孤岛的连续/顺序参与来运行。项目结果可以明确预测，并有相关的质量控制测试和措施
项目本身可以分解成模块。客户可以将其价值模块化，在了解到哪些模块有价值后，可以更改和添加规范。对基本的核心平台功能进行后期更改是可以接受的。最小可行性产品和调整是可能的，也是可取的	项目不可分割为多个模块，所以在完成之前不能进行测试和检查。后期更改成本昂贵甚至不可能更改。最小可行性产品就是最终产品，不可能调整
可以在下一个开发周期中发现并纠正错误——快速失败模式和广泛的过程学习	临时性错误会产生很大的负面影响，所以需要在每个阶段进行详细的测试和检查
适合基于团队的协作文化，具有广泛的横向/流程知识流	适合自上而下的控制环境和专业职能知识孤岛

由此可见，与更广泛的组织文化保持一致也是一个关键主题——这种工作方式更适合初创企业，但可能与老牌大型企业的长期传统相冲突。这并不意味着没有"敏捷"的余地，而是需要进行某种形式的试点和探索，以帮助学习、配置和调整方法。对于许多组织来说，拓展项目方法的"范围"的想法是有用的，从传统方法的一端，通过采用一些敏捷实践，再到围绕关键任务和项目阶段的敏捷执行，直至完全"敏捷"。在大多数情况下，还可以采用将敏捷优势与传统方法相结合的"混合"模式。

⊖　Rigby et al.（2016b）.

敏捷工具箱里有什么？

我们不妨揭开一些更常见的敏捷工具箱的神秘面纱，以了解它们如何有助于更快、更灵活的产品开发。

敏捷创新已经演变成一套方法，越来越多地应用于软件开发之外的其他新产品、服务甚至流程再造。其核心是一种强调高强度团队协作（通常称为"scrum"）、扩展目标以及快速原型、测试和学习周期的方法。传统的项目管理技术是先设定一个目标，然后将完成目标所需的各种任务分解为关键活动并为其分配资源。敏捷方法则更加开放，允许在活动的执行中有相当大的创造力和灵活性，从而更接近扩展目标。

敏捷方法的基本框架包括建立一个自我管理的核心团队，该团队由不同职能部门的人员组成目标明确且具有可扩展性。团队使用各种创意工具（如头脑风暴和设计思维）生成他们认为对最终用户有价值的关键功能列表。其中有两个关键角色在起作用——一个是代表最终用户的观点并从这个角度对功能进行排序的团队领导者，一个是帮助管理团队的支持和心理安全方面的流程推动者。

一旦延伸目标（愿景）被分解成一份有贡献的项目的排序表，团队就会围绕这些问题在短时间内解决问题（"冲刺"）。通常，在每天开始的时候会有一个简短的回顾会议，以探讨进展、挑战、明确想法，并开发实验，然后在当天进行测试。实验的结果会为第二天的回顾会议提供反馈和数据，推动冲刺前进。实验可以是技术性质的，例如编写代码或开发一个可工作的原型，也可以是市场测试，与潜在的最终用户一起尝试创意。在这两种情况下，想法都是通过实验和学习的快速循环，将失败视为一个学习机会，而不是阻碍进一步发展的障碍。

为了实现这种方法，需要有一个核心团队，他们通常会留出一个物理空间——比如"作战室"——在这里可以跟踪进展情况，召开 scrum 会议，计划和审查每天的活动。

对敏捷方法的一些有用的补充来自于精益创业，包括以下内容：

建立－衡量－学习

这里的原则是设计一个假设来测试一个想法，然后根据反馈调整项目。所以，举个例子，它可以用来测试一个特定的功能，假设人们会喜欢和重视这个功能；如果人们确实如此，那么就保留这个功能，否则，就放弃它。

最小可行产品

这是新创业想法的最低配置，可以用来运行"构建/测量/学习循环"——一个简单的原型，其目的是生成有助于调整创业核心理念的数据。

有效的学习

精益创业的一个重要元素是处理数据，这些数据提供了有用的信息，有助于了解创业项目。莱斯谈到了"虚荣指标"的问题，这些指标看起来是衡量成功的标准，但实际上并没有揭示任何有用的东西。例如，访问网页的人数本身是没有意义的，但他们花费的时间或点击的功能却是有意义的，因为后者提供了人们所重视的事物的潜在信息——至少值得花费一些时间。同样，回头客的数量也是一个有用的指标。

创新会计

与验证学习相关的理念是利用数据来确保资源得到合理使用。要做到这一点，需要建立一个基线，然后通过改进最小可行产品中的元素来提升与之相关的绩效——莱斯将这个过程称为"调整引擎"。例如，可以通过市场调查来确定一个简单的基线，即询问人们是否会购买某种产品或服务。然后，启动一个最小可行产品周期将其生成数据，表明他们之中有更多（或更少）的人对产品或服务感兴趣——并且在重新测试周期之前，核心概念可以进行调整。这样，与创新相关的稀缺资源就可以被仔细追踪。

支点

精益创业的核心假设是，接近客户实际需求的唯一方法是在他们身上测试你的想法，并根据多个学习周期的反馈进行调整。因此，有必要利用实验数据来调整产品——"支点"的概念不是要求你完全改变想法，而是围绕着核心进行支点调整，使其更准确地满足市场需求。YouTube 最初是一个交友网站，它提供的众多功能之一是分享短视频。在最小可行产品测试期间，人们发现这个功能特别有价值，因此对最初的想法进行了调整，把它放在更前面的位置；进一步的测试表明，这一功能受到了足够的重视，因此将其作为企业新的核心功能。

支点和最小可行产品的本质可以总结为"启动，看看会发生什么"——当然会有一些事情发生，如果试验性的启动设计得好，它将有助于提高和完善最终的产品，而不会浪费太多的资源。即使最小可行产品是一个"败品"，也可以从中学习到新的方向。

莱斯谈到了"支点"的几个版本：

- 放大支点，产品中的一个功能现在变成了整个产品（如 YouTube 案例）。
- 缩小支点，即整个产品成为更大产品中的一个单一功能。

- 客户细分支点，即产品是正确的，但原始的客户细分是错误的。通过重新思考客户目标细分市场，产品可以更好地定位。
- 客户需求支点，即通过验证学习突出了更重要的客户需求或问题。
- 平台支点，单个独立的应用程序汇聚成一个平台。
- 业务架构支点，即从本质上改变底层的商业模式——例如从高利润、低产量，到低利润、高产量。
- 价值捕获支点，即重新思考营销策略、成本结构、产品等。
- 增长引擎支点，即重新思考创业模式。莱斯提出了三种核心模式——病毒式增长、黏性增长和付费增长——而且这三种模式之间存在改变的空间。
- 渠道支点，即探索进入市场的不同路径。
- 技术支点，即使用替代性新技术，但商业模式的其余部分——市场、成本结构等——保持不变。

单个单元流程

这个想法起源于丰田生产系统，是"精益"思想的基石之一。从本质上说，精益是指小批量生产，然后以小批量完成任务，而不是大批量生产。想想邮寄信件这件事，包括装信封、写地址、贴邮票、邮寄等。如果一次只做一件事，就会有速度变慢的风险，还有可能出现错误而不被发现——比如把别人的名字拼错。一次处理一个单元会更快、更准确。

精益创业的理念是小规模地开发系统，并快速识别错误和问题；然后对整个系统进行重新设计，规避这些问题。

止线/安灯绳

另一个来自丰田的理念是当错误发生时停止生产的能力——在大型汽

车工厂，这是通过一根绳子和一盏会在员工发现问题的地方上方闪烁的灯来实现的。在精益创业中，这一原则是确保错误检查和过程停止，直至这些被修复。

持续改进

另一个基于丰田的原则是不断回顾和改进核心产品和交付过程。通过小批量工作（参见"单个单元流程"部分），可以围绕核心理念进行实验和优化。

看板

另一个"精益"特征是指与即时生产相关的库存管理系统。应用于精益创业时，它将围绕核心产品/风险想法的改进项目放入"桶"中，以系统化的方式进行处理和推进。这对管理能力是一个强大的辅助，因为只有在系统中为新项目留出空间，新项目才能启动。

5个为什么

作为一种强大的诊断工具，它有助于找到问题的根源，并指导行解决问题的行动，而不是治标不治本。

让敏捷创新发挥作用

就像任何好创意一样，考验在于实施过程。这在很大程度上取决于为特定组织配置一个适当的模式，而不是假设这里有一个"即插即用"的敏捷版本。研究表明，敏捷项目经常在以下几个方面搁浅：

（1）缺乏理解。敏捷方法仍在发展之中，风险在于，敏捷方法仅被作为一种时尚配饰采用，而没有深入了解在哪里、为什么以及如何采用。

（2）缺乏技能/经验。在贝恩公司的一项调查中，44%的受访者将失败归咎于对敏捷方法不熟悉，另有35%的人认为缺乏足够的具备必要经验的人员。

（3）缺乏管理支持，通常源于对项目失控的担忧。

（4）敏捷原则与公司的运营模式不一致。正如我们所看到的，敏捷方法挑战了大部分的计划和控制文化，转向scrum这样的模式可能不适合主导创新的项目文化。

（5）试图将敏捷元素融入非敏捷框架中。

这些都不足为奇，它们建议采取一种方法，承认在尝试向整个组织推广之前有必要先进行试点。

好消息是，在路线图上有一些指导原则，通往成功实施的新路径正在形成。这些原则包括：

- 以原则为基础，调整/发展实践。就像精益方法一样，核心是一组经过充分验证的想法，然后是各种各样的辅助工具和技术，但并不是所有的工具和技术都能在不同的情况下发挥作用。这还涉及到学习如何使用这些工具，围绕一种创新的新工作方式培养能力。
- 采用试点和学习的方法，而不是"大爆炸"。这与上述关于获取技能和能力的观点一致，而且它允许组织拥有"混合经济"——并非每个项目都适合敏捷模板。从小处着手的价值在于，可以建立一个团队，让他们成为传道者和专家，帮助传播这些原则；虽然早期可能需要外部支持来教授原则和工具，但很快就能内化。此外，试点项目提供了一个收集数据的机会，这可以帮助说服怀疑者，让他们相信这种方法确实可行，可以在我们公司的特定环境中发挥作用。
- 使用矩阵／临时结构模式，而不是改变整个组织。敏捷方法并不适用于所有项目，将知识集中在职能部门也是有道理的。但在敏捷团队中，可以采用不同的工作模式，即强调快速的跨职能共享、协作、共享实验等。
- 创造心理安全感。敏捷团队的工作方式与"臭鼬工厂"有很多共同之处，即能够快速试验和失败。这不仅需要团队成员之间相互信任，还需要一种外部感觉，即他们被"授权"进行试验和体验。
- 建设团队。投资于团队建设，以实现高绩效的创造力。敏捷方法的关键是促进和支持——scrum管理者的核心角色。奖励和认可变得更加内在化。
- 衡量框架可能需要进行调整，以重视不同的KPI，但最终也需要与大局保持一致。
- 给予自主权和重量级项目管理权。该模式的关键部分是作战室和快速集中的决策——不能不断地向外和向上请示。明确决策权、职权范围和内部自主权的界限。

为什么敏捷对海拉很重要

对于像海拉这样的公司来说，创新是必不可少的——它是年度报告中的首要词汇之一，是公司DNA的一部分。但随之而来的是平衡的需求——创新意味着冒险和探索，但也意味着成果。海拉在创新方面的投入令人印象深刻——研发费用接近营业额的10%，约五分之一的员工参与其中——大部分都与客户的重大项目有关，都是汽车行业的大合作伙伴，涉及很多利害攸关的重大项目。

因此，作为控制和管理风险、确保交付和成功的方法，设计和开发系统管理变得越来越重要。但随之而来的是一种越来越系统化的思维方式，一种在缓慢但稳定的机器中做事的感觉。

外面的世界正在发生变化。技术带来了很多东西，但变化的速度也在加快。客户可以定义期望，但随后发现他们想要更多，工程上的改变，更新的功能和定制。采取更灵活的方法的压力当然是存在的，而且它需要与海拉必须找到方法来展现创新的形象这样一个背景相联系，不仅是在产品技术方面，而且在创造和交付电子产品的方法方面。

此外，还有一些重要的外部参照点；敏捷方法在行业会议上是一个"热门话题"，主要竞争对手在他们的销售演示和技术路演中都把它作为一个特色。

海拉在做什么

海拉对这一概念的试验始于 2013 年，尤其是迈克尔·耶格尔上任负责电子部门的创新活动之后。他曾在博世工作，对其中一些方法有第一手经验，并很快在整个组织中找到了一些志同道合者。关于这个主题的 i-Circle 讨论让高级管理人员深入了解了敏捷原则，同时也敲响了警钟，提醒人们注意这种工作模式与公司当前占主导地位的工作模式之间的冲突。不管怎样，敏捷方法是对当下文化的挑战，在这种文化中，我们的日常行为模式通常并不包括小团队自主工作和强调快速学习——即使这意味着快速失败！控制和计划是建立公司创新声誉的基础——用一种新时尚来破坏它的风险太大了。

2016 年，一个内部推动者团队开始与外部顾问合作，评估并帮助海拉建立敏捷方法方面的能力。在美国、德国和罗马尼亚的多个项目领域使用敏捷方法 3 个月后，一项内部调查显示，它在以下方面实现了显著的改进：

- 工作满意度
- 团队精神
- 项目能见度
- 项目风险管理
- 与其他团队和角色的协调
- 团队内部协调
- 工作进度透明度
- 生产力
- 开发流程的适用性
- 工作成果的质量
- 交付时间
- 个人技能
- 变革和优先级管理

到目前为止，海拉已经完成了 14 个项目，另有 6 个正在进行试点；现在的目标是收集初步的学习成果，并将海拉版本的敏捷方法编纂成书。重要的是，这将为针对不同情况配置不同版本的敏捷方法提供路线图和灵活性，从而为海拉在这一重要领域的能力奠定基础。

拓展资源

你可以在 www.innovation-portal.info 上找到大量有用的资源——案例研究、视频和音频，以及探索本章中讨论的一些主题的工具，特别是：

- 采用敏捷方法进行创新的案例研究——例如在人道主义创新的动荡的条件下或在"臭鼬工厂"类型的组织的运营中。
- 工具和框架（如精益创业），以帮助探索本章提出的主题。

反思与问题

1. 乍一看，精益/敏捷方法似乎对于实现组织创新至关重要。但是，它们的适用性是有限的，在某些情况下，更结构化的方法也会有价值。用案例尝试找出适合精益/敏捷的条件，并解释原因。

2. 选择一个你熟悉的组织。在它们的创新过程中，哪些方面需要更多的灵活性？标准在哪些方面有帮助，在哪些方面有阻碍？

3. 你若被邀请作为顾问为一家公司提供建议，该公司如何发展一种"聪明的失败"文化——也就是说，能够从实验中快速学习。在它们可能实施的结构、技能和工具方面，你会给出什么建议？

13 展望未来

Riding the Innovation Wave:
Learning to Create Value from Ideas

在本书中,我们一直在使用一个简单的模型来帮助思考创新——从知识中创造价值。创新并将偶然——虽然运气可能发挥一定作用,但长期生存主要体现在谨慎的战略管理上。这尤其取决于三个关键因素(图 13-1):

- 技能——建立知识库,组织和管理知识库的部署,战略性地瞄准新方向,从投资中获取价值。
- 能力——创建和更新组织的创新例程——使其能够从知识库中创造价值的"程序"。
- 连续性——将关键的例程嵌入一个可以长期传承的框架——组织的"创新 DNA"。

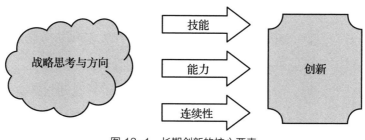

图 13-1 长期创新的核心要素

过去

我们已经看到了在海拉 120 年的历史中，这些知识的演变——围绕照明和控制的核心知识库是如何建立起技术领先地位的。

我们还看到，虽然通过投资扩大知识基础是一个重要因素，但从投资中创造和获取价值的真正能力来自于组织和建立常规，以实现创新。如今，这些结构、流程和政策使创新在广泛的领域得以实现——嵌入到产品和服务、业务和技术流程、市场地位和基础商业模式中。

最重要的是，我们看到了其中的连续性，即主题、基本价值和信念的一致性。像"企业家责任"这样的原则不是简单的口号，它代表了关于如何进行创新以及人在这一过程中所扮演的关键角色的根深蒂固的价值观。创新 DNA 并不是随机形成的，而是经过深思熟虑和战略试验的过程，经过长期精心设计和不断修正的，试图在促进创新的常规做法和公司所处的环境之间取得最佳的契合。

目前

在本书的后面部分，我们研究了海拉目前"基因工程"的一些例子——海拉对创新程序集群的战略反思，以及在哪里和如何修改，或者新的"基因材料"可能被拼接，以提高公司的创新能力。

我们已经看到，旧的模式仍然有效，但在某些领域可能需要"开启"。"持续改进"的故事就是一个很好的案例，它建立在一套最初于 20 世纪 90 年代为应对生存危机而开发的常规模式基础之上。该模式非常有效地帮助海拉度过了"洛佩兹时代"，并为海拉在进入 21 世纪后提高竞争地位做出了重大贡献。但是，尽管该模式在许多领域（特别是围绕制造业的运营）持续存在，但仍有将其应用扩展到其他领域的余地。目前公司一些核心流程的工作不仅关乎流程的重新设计，还涉及文化的持续改进，而这种文化的建立有赖于常规工作的拓展。

我们也看到，在一些关键领域，新的常规方法可能是合适的，但也需要谨慎拼接这些"基因材料"。敏捷方法似乎提供了更快、更有效的新产品开发途径，它建立在最初围绕精益创业和软件工程开发的理念之上。但是，尽管一些工具和基本方法（如快速原型开发周期和 scrum/sprint 模型）可能具有相关性，但它们并不总是合适的。一刀切不适用于所有情况，简单地植入一个敏捷创新的新基因，而不根据海拉的具体情况因时因地制宜，是不太可能奏效的。

我们也看到了关键"基因"的持续表达——例如围绕平台思维的惯例。早在 1908 年（结合了前照灯、透镜、反光镜的海拉系统的推出），海拉就已经在考虑将产品平台作为一种利用知识资产的方式——要做到这一点，就需要组织底层的知识架构，并使人们能够为此提供支持。今天的 LED、车身控制或客户舒适度模块等平台都反映了这一点，这些平台的成功实施在很大程度上归功于与这些成熟的创新程序的合作。

开放式创新也是如此——20 世纪 90 年代，人们认识到，日益复杂的市场需求意味着行业内的竞争力正变得越来越以知识为基础。但是，尽管海拉在能力建设方面有良好的投资记录（例如通过持续的研发支出），但它仍无法覆盖所有的知识领域，因此需要放大自己的能力。认识到"不是所有聪明的人都为我们工作"，推动了一项基于与建立战略联盟和合资企业或瞄准关键收购相关的新常规的战略，然后进行管理，将新知识吸收到海拉的血液中，同时又不对其造成破坏。

在海拉目前所处的环境中，同样的一套常规工作方法至关重要，因为该公司正在努力探索新技术和市场的可能性，这是一个漫长而令人兴奋的前沿领域。很明显，游戏规则正在发生变化，如何找到新的合作伙伴，与他们建立工作关系，并最终发展出新一代高效战略网络，正成为一个关键问题。

随着海拉进入新的领域——例如通过其在硅谷和柏林的海拉风投——海拉的一个主要优势是能够利用20年前形成的惯例。

当然，其中也有一些领域需要采用全新的常规做法来提高能力——例如，在应对破坏性创新方面，海拉有悠久的冒险历史，企业家精神推动着海拉开拓新的地域业务，并探索邻近市场和专业市场。有时，这还会导致在公司内部创建新的部门——例如，"特殊应用"部门就是这样发展起来的。海拉工业是海拉将业务扩展到汽车行业以外的新市场领域的另一次尝试，这次冒险提供了一些有价值的经验。

但是，围绕"颠覆性创新"的潜在威胁或机遇的规模意味着，海拉需要寻找一种有组织、有系统的方法，在这一领域建立新的惯例。在硅谷和柏林建立海拉风投是这个故事（相对）简单的部分，安排好人员和空间，新的工作方式就会出现。困难的部分是建立惯例，这将最终成为人们的日常行为模式。这就需要进行大量的实验，使用精益创业等新方法、最小可行产品等新技术，调整支点和方向，寻找新的路径，形成和创建执行网络。这一活动本质上是在尝试寻找新的方式来表达企业家的创业行为，并挑战这种行为的极限——帮助海拉跳出它的特定框框。

我们还看到了实验室式的对新惯例的观察和评估，某些潜在的基因可能对于海拉有拼接价值。一个很好的例子是节俭创新——一套以非常精益的方式思考和工作、使用最少资源的常规做法。这种方法在一些海拉正在日益发挥作用的市场环境中具有相当大的应用潜力，如印度、中国和拉丁美洲。但它也可能提供一些具有挑战性的新方式，让海拉回归主流；它提出了"反向创新"的可能性,更重要的是,它挑战了公司技术实力所依托的一些基本价值观。

海拉创新成功的核心在于引导各类人员的创业努力。寻找挖掘这种"企业家责任"的方法,促使海拉探索员工参与度的新途径。虽然创新已经沿着既定的路线和通过现有的结构有效地运作,但人们也在寻找能够打开创新活动的并行渠道。越来越多地使用协作平台(如 Driving 电子创新竞赛)来获取创意,并帮助选择创意和下游实施,这涉及学习和嵌入一套新的惯例,但对于在全球组织内更广泛地开展参与活动而言,前景相当可观。

未来如何?

停滞不前绝不是创新的选项——它涉及一个不断移动的目标,正如我们所看到的,组织需要从战略角度看待这一点,识别未来可能出现的威胁和机会,并提前制定应对措施。那么,海拉面临的挑战是什么?这些挑战对保持创新的行动又意味着什么?

能力

从早期的简单灯具和喇叭发展至今,海拉的知识库已经有了长足的发展。该公司一直是研发领域的主要投资者(再投资额接近销售额的10%),并且有相当一部分(接近20%)的员工从事正式的创新活动。通过像持续改进这样的常规活动和越来越多地使用协作平台,这种投入可能会增加。

这一领域尤其要关注以下几个问题。

进入重大新技术领域

尽管早在20世纪60年代,海拉就在电子领域小有建树,但在20世纪

80年代，海拉做出了一项重大战略承诺，将电子技术作为一个关键领域。这在当时并非易事——技术尚不成熟，可用于探索技术的技能稀缺，公司内部也几乎没有设施可以将其改造和开发成为有用的创新。正如我们在"04 我们是'冠军'"中所看到的，海拉冒了很大的风险，并在很大程度上依赖内部企业家精神来实现这一目标——但最终获得了回报。海拉如今强大的商业地位在很大程度上要归功于40年前进军新技术领域的战略决策。

如今，"物联网"已是司空见惯的话题——在这个世界里，智能已融入人们的日常生活，无论是家庭、汽车、办公室、工厂，还是其他任何地方。成千上万的智能设备——传感器、执行器、控制器和网络通信，创造出一个智能应用程序的环境。支撑这一切的不仅是海拉所熟悉的先进技术——传感器和执行器，还有机器学习。人工智能的概念可以追溯到20世纪70年代，但由于硬件和软件的限制，以及缺乏实现学习应用的明确途径，人工智能的实现一直受到阻碍。问题可以使用蛮力来解决——下棋的计算机依靠计算每一种可能的走法，然后选择最合适的走法。但是，神经科学的发展给我们带来了新一代机器，这些机器能够自己学习和推断规则，然后找出应对未知情况的有效策略。在这一过程中，它们模仿了人类所使用的程序——许多评论家认为，我们已经接近一个拐点，在这个拐点上，机器学习已经进入成熟期，可以在多种情况下取代人类活动。

谷歌的 Deep Mind 在围棋比赛中连续击败世界冠军。围棋是一种基于策略的挑战，通常被认为比国际象棋要困难得多。而由卡内基-梅隆大学开发的程序 Libratus，在匹兹堡的一家赌场用20天的时间与4位扑克冠军进行了较量，最终赢得了近200万欧元的筹码。其意义在于，它代表了一种处理不完全信息的能力——扑克是一种将策略与情感判断和虚张声势等行为结合在一起的游戏。为了实现这一目标，机器智能需要具备心理学家所说的"心智理论"——能够想象别人在想什么，并利用这种模拟来制定与之合作或击败他人的策略。进化心理学家将人类这种能力的出现等同于"想象力"成为可能,以及许多后续的创造性活动都可以由此追溯。

今天的机器学习算法和应用仍然相对简单,但它们的学习曲线正在急速上升,并在越来越多的环境中得到应用。这对海拉来说是一个重大的威胁也是机遇(海拉柏林团队的主要工作内容之一就是探索许多不同的机器学习应用)。但这样的技术也很可能对就业的质量和数量产生重大影响,因此,对海拉来说,未来流程创新的挑战将与之日益紧密相连。

其战略意义在于,对于海拉这样的企业来说,在"互联世界"中越来越多地谈论"智能"和"感知",进入机器学习可能不仅仅是沿着既定轨迹的下一步,而是需要像20世纪80年代进军电子领域那般的投资和承诺。

海拉在哪里以及如何使用它的知识库

特别是,在一个开放式创新的世界里,知识库可能在哪里以及如何与之进行交易。过去,我们所面临的挑战一直是如何谨慎地满足汽车市场和邻近市场的需求,并发展技术以满足这些需求。但是,传感/驱动公司的潜在业务范围也在不断扩大,并延伸到更广泛的"物联网"领域。

对于任何组织来说,知识都是其关键资产。柯达公司就是一个例子——它曾在20世纪占据主导地位,但由于技术的变化和数字影像的使用而被颠覆。但柯达并没有消亡——它存活了下来,并在新的领域重新部署了一些核心知识资产,特别是在高速打印领域,从而再次实现了增长。就危机的结局而言,一个不那么戏剧化的故事是富士胶片(Fujifilm)。在胶片摄影的旧世界里,富士胶片曾是柯达的竞争对手。富士得以跨界进入多个不同的领域,利用其深厚的技术实力进入化妆品等新市场。

进入新的知识应用领域既是挑战也是机遇。一端是日益繁忙的开放式创新市场,知识在其中进行交易——非核心技术资产的许可、买卖、战略联盟和合资企业都是这场游戏的一部分。海拉有效地参与了这场游戏，尽管它过去在开放式创新方面的成功主要是利用开放式创新市场来放大自身的技术能力。未来，海拉可能会有成为技术卖家的重大机遇——但要做到这一点，就必须发展战略知识产权管理能力，以及从技术投资中获取丰厚收益的风险投资模式。

当然，海拉知识库也有可能通过扩大应用范围来实现增长。这并非易事，因为它需要学习新的规则和策略，以进入截然不同的市场。海拉与海拉工业在这方面的尝试提供了一些宝贵的经验，让我们了解到这样做的难度有多大——但其基本的商业理念是正确的。对于一家知识日益丰富的公司来说，找到再次进入新水域的导航技能可能是下一步的重点。

保持动力

海拉最初是一家以产品为基础的公司，并很快就意识到技术知识所带来的竞争优势。在研发领域的投资很早就开始了——而且显然已经为公司带来了回报。与此同时，投资水平也很高——近10%的营业额被重新投入到知识库中，近五分之一的劳动力与创新相关。保持这样的投入水平是一个挑战，尤其是在面对外部资本市场时，这种投入要被认为是合理的。这个问题的部分答案可能在于，将海拉重新定义为一家科技公司，而不是一家照明和电子产品公司。

技能

下面给出了一个简单的模型，以帮助对创新过程进行反思。它提出了一些关键问题，任何组织都应该扪心自问，并不断反思（图13-2）。

上一节展示了海拉探索代表新的或改进的创新能力的关键主题的一些方法。在其"基因工程"的努力中——确保正确的创新基因以正确的链条

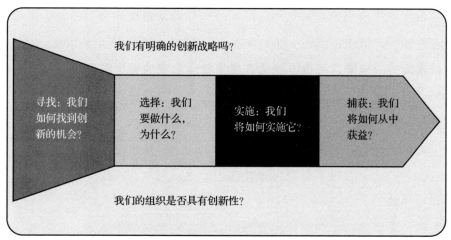

图 13-2 创新过程模型

得以传承，需要对新行为进行不断的审查、修改和拼接。

例如，在"敏捷"创新领域，海拉正在对在其他组织中具有明显潜力的方法进行调整。新产品开发周期的更快，对定制化的要求更高，这就需要更灵活的流程，但与此同时，海拉的核心业务需要在新产品开发方面投入巨额资金，因此需要对新产品的开发进行仔细、严密的管理。保持平衡并吸收新的基因材料（从敏捷试点中产生的想法）对未来至关重要。

相比之下，持续改进的挑战在于如何刷新基因。20 年前，一些非常有效的新方法被引入创新领域，但最近的经验表明，这些方法的有效性下降了，而且仍然集中在业务的关键领域，并没有扩散到其他地方。在这里，创新能力的发展围绕着捕获有效基因的本质，然后探索在不同环境下可以起作用的变体。特别是，它们伴随着对企业管理流程的全面审查，这就意味着持续改进被用于改进正确的流程，并调动员工的创业责任感来支持这种改进。

平台思维是另一个海拉拥有成熟有效的常规方法的领域，这些方法为利用公司几十年来积累的昂贵知识库提供了有效的途径。仔细理解核心方法并确保使平台思维发挥作用的因素——如调动跨职能部门的思想交流以及与终端用户密切合作——对于海拉未来成为知识型企业至关重要。

新的挑战也随之而来。过去,由于管理创意流、资源配置以及与业务战略保持一致等问题,高参与度、让更多的人参与公司创业思维的理念一直受到限制。但大型国际组织正在外部探索新的方法,利用协作平台构建蓬勃发展的创业社区。海拉对创意竞赛的探索,通过游戏化的方式来吸引广泛的参与者,鼓励有针对性地关注关键挑战领域,在很大程度上取得了积极的经验。

要长期调动这种积极性,就需要一个有利的环境。至少,它需要一个能够支持功能日益强大的协作软件的信息技术基础设施,但也需要一个组织基础设施。像空客或西门子这样的大公司都有一个员工团队,他们的职责是支持创新过程,使人们能够表达他们的创造力以及对改进和突破性创新的热情。在许多方面,这代表着21世纪版本的高级管理人员围绕企业责任所面临的挑战——创造条件和结构,使人们能够实现这一目标。

节俭创新的问题很有意思。一方面,它为我们思考创新的方式提供了一个有趣的视角。它当然适用于资源受限的环境和购买力较低的市场。仅凭这一点,海拉就有必要利用其在印度和中国的业务所代表的实验室,加深理解和实践。

但节俭也是一种沿着不同创新轨迹思考的方式,而不是简单地将复杂的技术简化为廉价、令人愉快的低规格变体。它更多的是关于提炼、完善概念,并以优雅的配置交付它们;它允许通过使用平台加模块的方法将复杂性重新添加进来,这种方法在海拉内部已经很熟悉了。海拉认可的强大工具——"支撑海拉生产系统的精益方法",以及在产品开发中使用的价值工程——是节俭思维的核心。但是,节俭思维还需要我们主动思考主流模式的激进替代方案,即企业内部的思维模式。未来,以(相对)高成本提供高规格解决方案的核心价值观可能会受到挑战,因为增长越来越有可能来自新兴国家,在这些国家,更节约的方法可能更适用。

最后,海拉现在需要在新兴的前沿领域开展工作。随着新技术、竞争对手和市场环境的不断变化,一个它曾经熟悉的行业现在正在进入一种新的流动状态,变得不成熟。要在这个领域开展工作,需要具备企业家精神、探索和学习能力、试验和失败的能力。需要建立新的网络,开发新的商业创意并对其进行测试,使其成为"我们在这里做事的方式"的一部分。海拉创投项目已经有了一个重要的开端,并且已经开始为进一步发展提供重要的经验教训。未来的问题有两个方面:首先,可能需要哪些额外的能力;其次,如何确保这些新的方法能够与海拉的主流创新基础设施连接起来。

就第一个问题而言,海拉风投已经建立了两个重要的桥头堡,在关键地点(硅谷)提供侦察和网络建设能力,并在柏林学习如何运营一个快速而敏捷的企业风险投资集团。鉴于变化的迅速以及区域环境和联系的重要性,很可能将硅谷模式扩展到其他地区——例如印度或中国。虽然柏林的业务已经开始带来潜在的商业机会,这些机会可以在主流公司一些部门的新业务中加以利用,但仍有可能扩大风险活动的范围。

例如,英特尔在开展企业风险投资的同时,也参与了"生态系统风险投资"。在这里,围绕其新兴商业利益的一些初创企业被识别出来,英特尔为其提供风险投资和其他形式的支持,以使这些种子成长为英特尔认为可能是其未来生态系统中关键网络合作伙伴的企业。虽然目前柏林的一些边缘初创企业似乎与今天的海拉关系不大,但它们可能是未来拼图中的重要元素——找到与它们建立联系并与它们一起成长的方法,可能是对海拉风险投资战略的一个有益补充。

对企业风险投资的研究表明,许多公司认识到,有必要在边缘添加更多的创业元素,以增强其主流创新能力。但对于许多这样的风险投资企业来说，证据表明它们"生命虽然短暂但很快乐"。在与主要组织的关系方面，很快就出现了真正的紧张关系——试图在足够的距离和自由度之间取得平衡，以便在主星之外开展业务，同时又不至于坠入深空，一去不复返！将资源投入到不确定的未来探索中，还涉及资金和机会成本方面的问题。在风险水平、自主权和控制方面也存在不同的态度。所有这些通常会导致支持的撤销，有时甚至会导致企业倒闭。

这些都是新创风投组织生命周期中的典型阶段，海拉意识到有必要谨慎管理海拉风投的成长和整合。定期审查和研讨会不仅探讨内容，更重要的是探讨基本流程，这有助于保持战略一致性。此外，它们还开辟了通往公司主体的途径，打开了重要的知识通道，并建立了一种联系感。

连续性

我们在这本书中探讨的一个问题是海拉的创新 DNA 概念——即海拉如何将特定的价值观和行为方式长期延续下去。很明显，这不仅仅是写在年度报告中的一个简单用语，而是贯穿其历史的一条非常真实的链条。它蕴含在公司的"基因"中——即公司所形成和传承的常规，表达了我们的日常行为模式，并塑造了未来组织的行为。

我们也看到了战略领导力在管理方面所发挥的关键作用。明确价值观并在关键阶段予以强化至关重要，"言出必行"才能使这些价值观不再被视为简单的口号，而是真正描述了组织的工作方式。这些价值观会成为海拉向自己讲述的故事，以及向新加入公司的员工传递的信息。像"海拉大家庭"这样的概念是其中的一部分，像"企业家责任"这样的主题则深入组织的灵魂。

但是，在审查、反思和完善例行工作方面，还有一个重要的角色，那就是将信息传递下去的"基因材料"。挑战以往工作运行的方式，修改和调整惯例，最重要的是，在环境给组织带来新的挑战时引入新的内容。

我们在过去的关键时刻已经看到了这一点，例如：

1. 20世纪90年代电子部门，特别是产品开发部门的重组。

2. 应对"洛佩兹时代"带来的巨大挑战，以及在整个组织范围内对持续改进惯例的大力推行。

3. 转向网络战略，预见"开放式创新"时代的到来，认识到"不是所有聪明的人都为我们工作"，并积极寻求与其他知识合作伙伴的关键战略合作。

4. 成立海拉风投，有针对性地应对颠覆性创新的潜在挑战和机遇。

海拉作为行业创新领导者，其未来的生存和发展将取决于能否保持这种战略领先地位。如何才能保持"动态能力"，即后退一步、反思并修正组织创新DNA的能力？

答案之一当然是通过公司的领导层。海拉很幸运，在公司发展的每一个阶段都有经验丰富、尽职尽责的领导者，强大的家族纽带帮助海拉维持了对困难的战略决策的支持和连续性。最近，由尤尔根·贝伦德和罗尔夫·布雷登巴赫这对"双簧"扮演领导角色，他们带来了互补的技能和经验，并设法平衡探索和运营两个方面。在推动新方向、拓展海拉更激进的创新活动和保持稳健的卓越运营（建立在持续渐进创新的基础上）之间，一直存在着创造性的矛盾。如果说每个人都扮演了一个特定的角色，那未免过于简单化，但很明显，海拉创新流程的战略发展过程——它的DNA——在很大程度上归功于他们之间的相互作用。

随着尤尔根·贝伦德在2017年退休，围绕保持这一势头的挑战也随之而来。战略问题将如何浮出水面、进行探讨和辩论？如何平衡创业精神、新方法与来自上市公司外部利益相关者为保持稳定增长和卓越运营而施加的越来越大的压力？

保持与创新的对话

正如我们所见，创新是海拉成功发展的核心，要保持这一势头就必须持续反思和探索创新这个主题，以及如何更好地组织创新。要做到这一点，需要定期开展持续的"对话"，就这一核心要素进行讨论和辩论。i-Circle 机制在这方面发挥了有益的作用，也可以说在战略层面塑造了最近的思维。作为一个定期（双月一次）对创新挑战进行非正式探讨、讨论和阐述的活动，发挥了有益的作用。在上一节中，我们看到了海拉围绕加强或扩展创新例行程序的许多举措——创新 DNA 的"基因工程"——已经在 i-Circle 会议上开始。i-Circle 会议是一个重要的跨部门和跨职能的场所，在这里可以进行交流和经验分享，并将持续的"与创新的对话"作为正式议程的一部分。该模型还允许外部视角，为了解其他组织的经验打开窗口——西门子、诺基亚、空客都是最近的访客——并考察重要的新技术和社会趋势。从本质上讲，它创建了一个围绕创新的实践社区。

也许还可以扩展这个模式，将其他领域和层面纳入讨论。或者更广泛地传播讨论内容——协作平台的一个际会就是创造一个空间和论坛，让人们可以开展此类讨论，交流意见和想法。

不过，海拉也可能扩展其开展此类创新对话的范围。迄今为止，海拉成功"孕育"创新 DNA 的悠久历史一直依赖于一种由高级经理担任关键角色的直接领导模式。他们的批判性思考、能力建设见解和举措与他们的其他职责相辅相成。但是，随着以创新为主导的大幅增长，管理者的关注点出现了问题。因此现在可能有必要加强高层团队对创新能力的监督，为其探索和发展提供更多的业务能力。

能力发展的问题——管理知识库——仍然至关重要，但这些问题在与许多参与者的讨论中得到了充分探讨并达成一致意见。越来越多类似于海拉的大型国际组织在发展创新能力时采取了一种方法，即利用某种形式的专家支持团队/职能来实现创新。这类团队的职责各不相同，但都包含了我们在书中讨论的诸多主题，并将其置于整个组织范围内更加系统化的基础之上。例如：

- 组织"关于创新的对话"，让人们始终关注这一主题，并允许探讨和交流想法及经验。
- 支持在合作平台上开展创新竞赛、运动和其他活动。
- 为关键项目提供直接支持——比如海拉内部目前正在进行的持续改进或敏捷工作。
- 建立外部网络（学术、产业、公共政策），以分享创新管理方面的经验、工具、技术等。

它们的作用本质上是催化剂，其价值之一在于它们能够推广好的做法，并且把知识基础集中在创新能力方面。正如本书试图展示的那样，海拉在有效的创新管理方面所学到的东西比它自己有时认为的要多得多，且在这一领域所拥有的经验也比它所分享的要丰富得多。

参 考 文 献

Abernathy, W., & Utterback, J. (1975). A dynamic model of product and process innovation. *Omega, 3*(6), 639–656.

Afuah, A. (2003). *Business models: A strategic management approach.* New York, NY: McGraw Hill.

Allen, T. (1977). *Managing the flow of technology.* Cambridge, MA: MIT Press.

Altschuler, D., Roos, D., Jones, D., & Womack, D. (1984). *The future of the automobile.* Cambridge, MA: MIT Press.

Bahghai, M., Coley, S., & White, D. (1999). *The alchemy of growth.* New York, NY: Perseus Publishing.

Bessant, J. (2003). *High involvement innovation.* Chichester: Wiley.

Bessant, J. (2017). *A maturity model for high involvement innovation.* Bonn: Hype Software. Retrieved from http://www.hypeinnovation.com/home.

Bessant, J., Caffyn, S., & Gallagher, M. (2001). An evolutionary model of continuous improvement behaviour. *Technovation, 21*(3), 67–77.

Bessant, J., & Moeslein, K. (2011). *Open collective innovation.* London: AIM – Advanced Institute of Management Research.

Bessant, J., & Tidd, J. (2015). *Innovation and entrepreneurship.* Chichester: Wiley.

Birkinshaw, J., Bessant, J., & Delbridge, R. (2007). Finding, forming, and performing: Creating networks for discontinuous innovation. *California Management Review, 49*(3), 67–83.

Birkinshaw, J., & Gibson, C. (2004). Building ambidexterity into an organization. *Sloan*

Management Review, 45(4), 47–55.

Blank, S. (2013). Why the lean start-up changes everything. *Harvard Business Review, 91*(5), 63–72.

Boer, H., Berger, A., Chapman, R., & Gertsen, F. (1999). *CIchanges: From suggestion box to the learning organisation*. Aldershot: Ashgate.

Buckland, W., Hatcher, A., & Birkinshaw, J. (2003). *Inventuring: Why big companies must think small*. London: McGraw Hill Business.

Burt, R. (2005). *Brokerage and closure*. Oxford: Oxford University Press.

Chesbrough, H. (2003). *Open innovation: The new imperative for creating and profiting from technology*. Boston, MA: Harvard Business School Press.

Christensen, C. (1997). *The innovator's dilemma*. Cambridge, MA: Harvard Business School Press.

Day, G., & Schoemaker, P. (2006). *Peripheral vision: Detecting the weak signals that will make or break your company*. Boston, MA: Harvard Business School Press.

de Geus, A. (1996). *The living company*. Boston, MA: Harvard Business School Press.

Deming, W. E. (1986). *Out of the crisis*. Cambridge, MA: MIT Press.

Drucker, P. (1985). *Innovation and entrepreneurship*. New York, NY: Harper and Row.

Garr, D. (2000). *IBM Redux: Lou Gerstner and the business turnaround of the decade*. New York, NY: Harper Collins.

Gawer, A., & Cusumano, M. (2002). *Platform leadership*. Boston, MA: Harvard Business School Press.

Gibbert, M., Hoegl, M., & Valikangas, L. (2007). In praise of resource constraints. *Sloan Management Review, 48*(3), 15–17.

Gilfillan, S. (1935). *Inventing the ship*. Chicago, IL: Follett.

Goller, I., & Bessant, J. (2017). *Creativity for innovation*. London: Routledge.

Granovetter, M. (1973). The strength of weak ties. *American Journal of Sociology, 78*, 1360–1380.

Gundling, E. (2000). *The 3M way to innovation: Balancing people and profit*. New York,

NY: Kodansha International.

Harhoff, D., & Lakhani, K. (Eds.). (2016). *Revolutionizing innovation: Users, communities, and open innovation.* Boston, MA: MIT Press.

Henderson, R., & Clark, K. (1990). Architectural innovation: The reconfiguration of existing product technologies and the failure of established firms. *Administrative Science Quarterly, 35*, 9–30.

Imai, M. (1997). *Gemba Kaizen.* New York, NY: McGraw Hill.

Iyer, B., & Davenport, R. (2008). Reverse engineering Google's innovation machine. *Harvard Business Review, 83*(3), 102–111.

Juran, J. (1985). *Juran on leadership for quality.* New York, NY: Free Press.

Lillrank, P., & Kano, N. (1990). *Continuous improvement: Quality control circles in Japanese industry.* Ann Arbor, MI: University of Michigan Press.

Morris, L., Ma, M., & Wu, P. (2014). *Agile innovation: The revolutionary approach to accelerate success, inspire engagement, and ignite creativity.* New York, NY: Wiley.

Osterwalder, A., & Pigneur, Y. (2010). *Business model generation: A handbook for visionaries, game changers, and challengers.* New York, NY: Wiley.

Pinchot, G. (1999). *Intrapreneuring in action – Why you don't have to leave a corporation to become an entrepreneur.* New York, NY: Berrett-Koehler Publishers.

Prahalad, C. K. (2006). *The fortune at the bottom of the pyramid.* New Jersey, NJ: Wharton School Publishing.

Reichwald, R., Huff, A., & Moeslein, K. (2013). *Leading open innovation.* Cambridge, MA: MIT Press.

Rich, B., & Janos, L. (1994). *Skunk works.* London: Warner Books.

Ries, E. (2011). *The lean startup: How today's entrepreneurs use continuous innovation to create radically successful businesses.* New York, NY: Crown.

Rigby, D., Sutherland, J., & Takeuchi, H. (2016a). The secret history of agile innovation. *Harvard Business Review*, (April).

Rigby, D., Sutherland, J., & Takeuchi, H. (2016b). Embracing agile. *Harvard Business*

Review (May): 40–46.

Rothwell, R. (1992). Successful industrial innovation: Critical success factors for the 1990s. *R&D Management, 22*(3), 221–239.

Schonberger, R. (1982). *Japanese manufacturing techniques: Nine hidden lessons in simplicity*. New York, NY: Free Press.

Schroeder, A., & Robinson, D. (2004). *Ideas are free: How the idea revolution is liberating people and transforming organizations*. New York, NY: Berrett Koehler.

Schumpeter, J. (2006). *Capitalism, socialism and democracy*. (6th ed.). London: Routledge.

Takeuchi, H., & Nonaka, I. (1986). The new new product development game. *Harvard Business Review*, (January–February), 137–146.

Teece, D., & Pisano, G. (1994). The dynamic capabilities of firms: An introduction. *Industrial and Corporate Change, 3*(3), 537–555.

Teece, D., Pisano, G., & Shuen, A. (1997). Dynamic capabilities and strategic management. *Strategic Management Journal, 18*(7), 509–533.

Tidd, J., & Bessant, J. (2013). *Managing innovation: Integrating technological, market and organizational change*. Chichester: Wiley.

Tidd, J., & Bessant, J. (2014). *Strategic innovation management*. Chichester: Wiley.

Tripsas, M., & Gavetti, G. (2000). Capabilities, cognition and inertia: Evidence from digital imaging. *Strategic Management Journal, 21*, 1147–1161.

Tushman, M., & Anderson, P. (1987). Technological discontinuities and organizational environments. *Administrative Science Quarterly, 31*(3), 439–465.

Tushman, M., & O'Reilly, C. (1996a). Ambidextrous organizations: Managing evolutionary and revolutionary change. *California Management Review, 38*(4), 8–30.

Tushman, M., & O'Reilly, C. (1996b). *Winning through innovation*. Boston, MA: Harvard Business School Press.

Utterback, J. (1994). *Mastering the dynamics of innovation*. Boston, MA: Harvard Business School Press.

Von Hippel, E. (2016). *Free innovation*. Cambridge, MA: MIT Press.

Wheelwright, S., & Clark, K. (1992). *Revolutionising product development*. New York, NY: Free Press.

Witte, E. (1973). *Organization für Innovationsentscheidungen*. Gottingen: Schwartz.

Womack, J., & Jones, D. (1996). *Lean thinking*. New York, NY: Simon and Schuster.

Womack, J., & Jones, D. (2005). *Lean solutions*. New York, NY: Free Press.

Zollo, M., & Winter, S. G. (2002). Deliberate learning and the evolution of dynamic capabilities. *Organization Science*, *13*(3), 339–351.